Simon Yannick Fouda Ekobena

La Politique Monétaire A-t-elle Un Impact Sur la Croissance du PIB?

Simon Yannick Fouda Ekobena

La Politique Monétaire A-t-elle Un Impact Sur la Croissance du PIB?

Validation empirique sur données de panel dans l'espace CEMAC

Éditions universitaires européennes

Impressum / Mentions légales
Bibliografische Information der Deutschen Nationalbibliothek: Die Deutsche Nationalbibliothek verzeichnet diese Publikation in der Deutschen Nationalbibliografie; detaillierte bibliografische Daten sind im Internet über http://dnb.d-nb.de abrufbar.
Alle in diesem Buch genannten Marken und Produktnamen unterliegen warenzeichen-, marken- oder patentrechtlichem Schutz bzw. sind Warenzeichen oder eingetragene Warenzeichen der jeweiligen Inhaber. Die Wiedergabe von Marken, Produktnamen, Gebrauchsnamen, Handelsnamen, Warenbezeichnungen u.s.w. in diesem Werk berechtigt auch ohne besondere Kennzeichnung nicht zu der Annahme, dass solche Namen im Sinne der Warenzeichen- und Markenschutzgesetzgebung als frei zu betrachten wären und daher von jedermann benutzt werden dürften.

Information bibliographique publiée par la Deutsche Nationalbibliothek: La Deutsche Nationalbibliothek inscrit cette publication à la Deutsche Nationalbibliografie; des données bibliographiques détaillées sont disponibles sur internet à l'adresse http://dnb.d-nb.de.
Toutes marques et noms de produits mentionnés dans ce livre demeurent sous la protection des marques, des marques déposées et des brevets, et sont des marques ou des marques déposées de leurs détenteurs respectifs. L'utilisation des marques, noms de produits, noms communs, noms commerciaux, descriptions de produits, etc, même sans qu'ils soient mentionnés de façon particulière dans ce livre ne signifie en aucune façon que ces noms peuvent être utilisés sans restriction à l'égard de la législation pour la protection des marques et des marques déposées et pourraient donc être utilisés par quiconque.

Coverbild / Photo de couverture: www.ingimage.com

Verlag / Editeur:
Éditions universitaires européennes
ist ein Imprint der / est une marque déposée de
OmniScriptum GmbH & Co. KG
Heinrich-Böcking-Str. 6-8, 66121 Saarbrücken, Deutschland / Allemagne
Email: info@editions-ue.com

Herstellung: siehe letzte Seite /
Impression: voir la dernière page
ISBN: 978-3-8417-4995-6

LA POLITIQUE MONETAIRE A-T-ELLE UN IMPACT SUR
CROISSANCE ECONOMIQUE ?

Validation Empirique Sur
Données De Panel Dans L'espace CEMAC

Simon Yannick FOUDA EKOBENA

2015

SOMMAIRE

SOMMAIRE 2
AVERTISSEMENT 3
DEDICACE... 4
REMERCIEMENTS 5
RESUME.. 6
ABSTRACT 7
LISTE DES ABREVIATIONS 8
LISTE DES GRAPHIQUES ET TABLEAUX... 9
LISTE DES ANNEXES 10
INTRODUCTION GENERALE... 11
PREMIERE PARTIE : MONNAIE ET CROISSANCE ECONOMIQUE EN ZONE CEMAC
.... 28
CHAPITRE I : MONNAIE ET CROISSANCE : UNE APPROCHE THEORIQUE 30
SECTION 1 : DE l'APPROCHE DICHOTOMIQUE à l'APPROCHE
INTEGRATIONNISTE DE LA MONNAIE 31
SECTION 2 : LES DEBATS MONETARISTES - KEYNESIENS..................................... 36
CHAPITRE II : MONNAIE ET CROISSANCE : LES ENSEIGNEMENTS A PARTIR DE
L'EXPERIENCE DES PAYS DE LA CEMAC 44
SECTION 1 : MONNAIE ET CROISSANCE EN ZONE CEMAC 45
SECTION 2 : EVIDENCE EMPIRIQUE DE LA RELATION MONNAIE ET CROISSANCE
EN ZONE CEMAC.. 58
CONCLUSION DE LA PREMIERE PARTIE... 69
DEUXIEME PARTIE : STABILITE DES PRIX ET CROISSANCE ECONOMIQUE EN
ZONE CEMAC 70
INTRODUCTION DE LA DEUXIEME PARTIE 71
CHAPITRE III : LES ENJEUX THEORIQUES DE LA RELATION STABILITE DES PRIX
CROISSANCE ECONOMIQUE 72
SECTION 1 : L'INFLATION : EXPLICATIONS THEORIQUES ET CONSEQUENCES . 73
SECTION 2 : LE DEBAT AUTOUR DU TANDEM STABILITE DES PRIX CROISSANCE
.... 78
CHAPITRE IV : LA RELATION STABILITE DES PRIX CROISSANCE A LA LUMIERE
DE L'EXPERIENCE DES PAYS DE LA CEMAC... 83
SECTION 1 : CHOIX ET SPECIFICATION DU MODELE 85
SECTION 2 : ANALYSE DES RESULTATS ET ENSEIGNEMENTS 93
CONCLUSION DE LA DEUXIEME PARTIE.. 99
CONCLUSION GENERALE 100
ANNEXES 104
BIBLIOGRAPHIE 112
TABLE DES MATIERES 118

AVERTISSEMENT

DEDICACE

A Dieu tout puissant sans qui tous nos efforts sont voués à l'échec.

A mon papa, feu FOUDA EKOBENA Nicolas ;
A ma maman, madame FOUDA Marie Gisèle ;
Vous m'avez appris les vertus du travail.

A mes enfants, Nicolas Steiv-Yanic et Alfred Nigel
Pour les stimuler à la conquête toujours inachevée du Savoir.

REMERCIEMENTS

Ce travail est parvenu à son terme grâce à un ensemble de contributions individuelles et institutionnelles auxquelles je rends hommage.

Mes remerciements vont en premier lieu à Monsieur le Professeur AVOM Désiré, Directeur du Centre d'Etudes et de Recherche en Economie et Gestion (CEREG) de l'université de Yaoundé 2 au Cameroun pour ses remarques avisées et ses conseils qui ont été d'un grand apport dans l'élaboration de ce travail.

Mes remerciements vont ensuite aux Professeurs Henri NGOA TABI de l'université de Yaoundé 2, Henri François HENNER du CERDI à Clermont Ferrand en France ; au Docteur Chris CUNNINGHAM de la Federal Reserve Bank à Atlanta aux Etats unis, à l'expert Olivier Dimala dont les remarques et suggestions ont permis d'améliorer ce travail.

Je remercie ma famille qui a été d'un grand apport dans l'aboutissement de ce travail, notamment mes frères Joseph Blaise, Damien Eric et Germain Donald ; mes petites sœurs Jeanne Reine et Thérèse Tatiana ; ainsi que toute la grande famille Ekobena.

Mes remerciements vont aussi à mon épouse Bertha-Benz pour son soutien constant et sa présence irremplaçable à mes côtés. A tous mes amis et toutes les personnes qui me sont chères, par leur amour, leur soutien et leur disponibilité, ils m'ont aidé à mener ce travail à son terme.

Au niveau institutionnel, mes remerciements vont aux éditions universitaires européennes, au Centre d'Etudes et de Recherche en Economie et Gestion (CEREG) de l'université de Yaoundé 2, et à la Banque des Etats de l'Afrique Centrale (BEAC) pour toutes les données mise à notre disposition.

A tous ceux qui de près ou de loin ont contribué à la réalisation de ce travail, mais dont les noms ne figurent pas sur cette page et qui se reconnaîtront certainement, qu'ils trouvent ici l'expression de notre profonde gratitude.

RESUME

La littérature économique fait ressortir l'existence d'un débat ayant trait à l'impact de la politique monétaire sur l'activité économique. Au début des années 1990, la politique monétaire des pays de la CEMAC a connu d'importantes réformes qui visaient à lui conférer d'avantage de flexibilité et d'efficacité. Le présent ouvrage se propose de déterminer l'impact de la politique monétaire sur la croissance économique en zone CEMAC. Afin de tenir compte des spécificités individuelles et temporelles des phénomènes de croissance, nous utilisons la méthode des moments généralisés en panel dynamique pour analyser l'impact des impulsions monétaires sur la croissance économique. D'une façon générale, les résultats montrent que la politique monétaire axée sur le rôle joué par les agrégats nominaux de monnaie et de crédit n'influence pas la croissance économique en zone CEMAC, on note aussi que l'inflation a un effet négatif sur la croissance économique. Ces résultats mettent en lumière les effets néfastes de la surliquidité bancaire dans la transmission des impulsions de la politique monétaire ainsi que les contraintes liées à l'arrimage du franc CFA à l'Euro. Les résultats font également ressortir la nécessité de maintenir un cadre macroéconomique stable pour bénéficier des externalités positives inhérentes aux impacts de la politique monétaire ainsi qu'une redéfinition des objectifs intermédiaires de la politique monétaire menée par la BEAC. Ce livre constitue une contribution importante sur l'efficacité de la politique monétaire comme instrument de politique conjoncturel au service de la relance et du développement économique. Ce qui fait de cet ouvrage un outil indispensable pour les enseignants, chercheurs et étudiants en économie mais aussi pour les professionnels et les décideurs de politique économique.

Mots clés : politique monétaire, croissance économique, inflation, données de panel, externalité, CEMAC.

ABSTRACT

The economic literature emphasizes the existence of a debate having milked with the impact of the monetary policy on the economic activity. At the beginning of the years 1990, the monetary policy of the countries of the CEMAC knew significant reforms which aimed at conferring to him of advantage of flexibility and effectiveness. This book attempts to determine the impact of the monetary policy on the economic growth in CEMAC region. In order to take account of individual and temporal specificities phenomena of growth, we use the generalize method of moment apply to a dynamic panel model to estimate the impact of monetary aggregates on economic growth in the CEMAC. Generally, results show that the monetary policy centred on the role played by the nominal aggregates of money and credit negatively influences the economic growth in CEMAC region, which is against the assumption formulated at the beginning, one also notes that inflation has a negative effect on the economic growth. These results emphasize the need for maintaining a framework macroeconomic stable to profit from the positive externalities inherent in the impacts of the monetary policy as well as the definition of new targets for the BEAC monetary policy. This book provide an important contribution on the impact of monetary policy on economic growth in developing countries that make it indispensable reading for scholars, researchers, students, policy-makers and professionals.

Key words: monetary policy, economic growth, inflation, panel data, externality, CEMAC.

LISTE DES ABREVIATIONS

AIC : Critère d'information de Akaike
ADF : Augmented Dickey-Fuller
BAD : Banque Africaine de Développement
BCE : Banque Centrale Européenne
BCEAO : Banque Centrale des Etats de l'Afrique de l'Ouest
BEAC : Banque des Etats de l'Afrique Centrale
BCEAEC : Banque centrale des Etats de l'Afrique Equatoriale et du Cameroun
CAF : Centrafrique
CEMAC : Communauté Economique et Monétaire d'Afrique Centrale
CMR : Cameroun
COBAC : Commission bancaire d'Afrique Centrale
COG : Congo
FBCF : Formation brute du capital fixe
FCFA : Franc Coopération Financière Africaine
FED : Federal Reserve Bank
FF : Franc français
FMI : Fonds Monétaire international
GAB : Gabon
IPC : Indice des prix à la consommation
MCO : Moindres carrés ordinaires
NEC : Nouvelle école classique
NEK : Nouvelle école keynésienne
PED : Pays en développement
PME : Petites et moyennes entreprises
PIB : Produit intérieur brut
TCD : Tchad
TIAO : Taux d'intérêt sur appel d'offre
TIPP : Taux d'intérêt des prises de pension
TIPS : Taux d'intérêt sur les placements des banques
TP :   Taux de pénalité des banques
TQM : théorie quantitative de la monnaie
PAS : Programme d'ajustement structurel
PNB : Produit national brut
SIC : Critère d'information de Schwartz
UEMOA : Union Economique et Monétaire Ouest Africaine
UMAC : Union Monétaire d'Afrique Centrale
UME : Union Monétaire Européenne
UMOA : Union Monétaire Ouest Africaine
ZFCFA : Zone Franc CFA

LISTE DES GRAPHIQUES ET TABLEAUX

Graphique 1 : L'évolution par pays des taux de croissance de la masse monétaire (M2) et du PIB entre 1986 et 2006...55

Graphique 2: Evolution du PIB et de l'indice des prix à la consommation (IPC)..............85

Tableau 1 : Description des variables, signes attendus et source des données du modèle 1...56

Tableau 2 : Description des variables, signes attendus et source des données du modèle 1...61

Tableau 3 : Résultats de l'estimation du panel dynamique.......................................64

Tableau 4 : Signes attendus et signes obtenus
des variables explicatives du modèle 1..65

Tableau 5 : Description des variables, signes attendus et source des données du modèle 2...90

Tableau 6 : Résultats de l'estimation du modèle à effets aléatoires............................92

Tableau 7 : Signes attendus et signes obtenus
des variables explicatives du modèle 2..93

LISTE DES ANNEXES

Annexe 1 : Courbes d'évolution des taux de croissance et d'inflation par pays...............105

Annexe 2 : Résultats des tests de racine unitaire 108

Annexe 3 : Résultats des tests de Hausman, de normalité des résidus et de Fisher..109

Annexe 4 : Résultats des estimations, tests de significativité individuelle.....................111

INTRODUCTION GENERALE

A la fin des années 1960, l'incapacité de la théorie keynésienne à expliquer la montée parallèle de l'inflation et du chômage, va marquer un grand tournant dans l'histoire de la pensée économique. On va assister à la remise en cause de la dichotomie bloc réel/bloc monétaire et l'idée que la sphère monétaire ne peut affecter la sphère réelle de l'économie. La politique monétaire, longtemps demeurée au second plan en raison de l'audience des idées keynésiennes qui lui ont donné un simple rôle de complément de la politique budgétaire va alors connaître un regain d'intérêt. De plus, les modèles de croissance endogène en précisant le fait que le développement des banques a un effet positif sur la croissance économique en allouant une plus grande quantité d'épargne aux investissements marquent implicitement l'importance de la politique monétaire pour tout objectif de croissance économique (RAMSEY ,1993).

La fin de la décennie 1970 va être marquée par une crise économique mondiale qui ne va pas épargner les pays Africains. Cette crise économique va conduire à la fin des années 1980 dans les pays qui constituent aujourd'hui la CEMAC[1] à une grande vague de réformes. Les programmes d'ajustement structurel (PAS) ont ainsi été défini, avec pour clauses fondamentales : la libéralisation de l'économie, la réduction des dépenses étatiques etc.... (TOUNA MAMA, 1999). De manière générale les politiques économiques mises en œuvre par les pays de la CEMAC et plus particulièrement la politique monétaire vont se voir imposer de profondes modifications au début des années 1990. On va donc assister à la mise sur pied d'une nouvelle politique monétaire par la BEAC[2] qui va rompre avec le *statisme* qui la caractérisait jusque là (BEKOLO EBE, 2001). En effet, la politique monétaire menée jusque là par la BEAC était restée tributaire des objectifs qui ont conduit à la mise en place du système monétaire et financier, à savoir développer une économie de cultures de rente ou d'exploitation minière permettant d'assurer l'approvisionnement de la métropole. Ce statisme se caractérise aussi par le fait que la politique monétaire se réduisait à un seul instrument de caractère quantitatif, celui de la fixation des côtes globales de crédit.

---

[1] La CEMAC est la communauté économique et monétaire d'Afrique Centrale. Elle a été crée en 1996 en remplacement de l'Union Douanière des Etats de l'Afrique Centrale (UDEAC) et est constituée de six pays à savoir : le Cameroun, La République Centrafricaine, le Congo, le Gabon, la Guinée Equatoriale et le Tchad.

[2] Banque des Etats de l'Afrique Centrale (BEAC), c'est l'institut d'émission des pays membres de la CEMAC

Les réformes monétaires ainsi entreprises amènent à s'interroger de façon générale sur l'impact de la politique monétaire sur la croissance économique en zone CEMAC.

Avant les réformes monétaires de 1990 dans la zone CEMAC, la pratique des plafonds globaux de refinancement des banques commerciales, permettait de déterminer un montant maximum d'intervention de la Banque Centrale à partir des prévisions de déficit des banques. Pour pallier aux insuffisances de cet instrument, on a assisté à la mise en place de la programmation monétaire, le 1er Septembre 1991 au Cameroun et le 1er Janvier 1992 dans les autres pays de la CEMAC (BEAC, 2002). Cette nouvelle technique permet à la Banque Centrale d'arrêter les objectifs monétaires et de crédit ainsi que le montant de refinancement des établissements de crédit en fonction de l'évolution du contexte macroéconomique. Elle lie la croissance de la masse monétaire au comportement des indicateurs macroéconomiques que sont : le solde budgétaire public, les avoirs extérieurs nets (AEN), l'indice des prix à la consommation et surtout le produit intérieur brut (PIB). Une relation est alors établie entre la politique monétaire, la politique budgétaire, la contrainte extérieure et les perspectives de croissance économique. A côté de la mise en place de la programmation monétaire, les autres réformes monétaires visaient deux autres points, d'une part, la politique rénovée des taux d'intérêt avec la libéralisation du contrôle des taux d'intérêt ; et d'autre part le lancement du marché monétaire de la sous région qui est devenu opérationnel le 1er Juillet 1994. Ainsi avec l'instauration de la programmation monétaire par la BEAC, une étroite relation lie la politique monétaire à la croissance économique.

On entend par politique monétaire l'ensemble des actions engagées par les autorités monétaires et la Banque Centrale en vue de modifier les conditions monétaires et financières de l'économie (De Mourgues, 1988). On peut aussi la définir comme l'ensemble des modalités suivant lesquelles les autorités monétaires emploient certains instruments pour influencer les objectifs opérationnels et intermédiaires de la politique économique à travers les variables monétaires. La politique monétaire est enfin l'action par laquelle l'autorité monétaire, en général la Banque Centrale, agit sur l'offre de monnaie dans le but de remplir son objectif de stabilité des prix. Elle tâche également d'atteindre les autres objectifs de la politique économique, qualifié de triangle keynésien : la croissance, le plein emploi, et l'équilibre extérieur.

La croissance économique désigne l'augmentation soutenue pendant une ou plusieurs périodes d'un indicateur de dimension notamment le produit intérieur brut (Barro et Sala-i-

Martin, 1995). La croissance est un concept plus restrictif que celui de développement qui désigne l'ensemble des transformations techniques, sociales et culturelles accompagnant la croissance de la production. Les théories de la croissance ont connu une évolution dans le temps. En effet, il y a d'abord les théories traditionnelles de la croissance qui prennent leur origine chez les classiques. Ce sont eux qui, les premiers, ont posé les jalons d'une théorie de la croissance. Les conclusions de Marx rejoignent celles des Classiques selon lesquelles la croissance n'est pas un phénomène durable. Le déclin de la croissance trouve son origine dans les rendements d'échelle décroissant de l'industrie.

Dans les années 1940, deux économistes se réclamant de l'école keynésienne proposent des modèles de croissance qui reprennent certaines idées de Keynes et les prolongent dans le long terme. A cette vision pessimiste donnée par les modèles keynésiens a succédé, au milieu des années 1950, une présentation plus optimiste de Solow (1956). Il décrit un modèle de croissance naturelle. Autrement dit, la croissance peut être optimale sans intervention externe (publique). Dans les années 1980 apparaissent les théories de la croissance endogène avec des auteurs tels que (Romer, 1986,1990) et (Lucas, 1988) qui vont remettre en cause certaines conclusions du modèle de Solow. Il s'agit de la prise en compte des externalités et du capital humain dans l'explication de la croissance. Une nouvelle théorie de la croissance verra le jour dans les années 1990, avec des auteurs tels que Le Bihan (1997), Sterdyniac (1997), Cour (1997), cette théorie préoccupée par des considérations de moyens terme est désignée sous le vocable théorie de la croissance potentielle. En effet, le concept de base de cette théorie est la production potentielle, c'est-à-dire le niveau maximal de production soutenable à long terme sans tension excessive de l'économie et plus précisément sans accélération de l'inflation.

C'est à la faveur de la théorie de la croissance endogène que la politique monétaire prend une part importante dans la littérature de la croissance économique. De plus, les objectifs de la politique monétaire rejoignent les objectifs de la politique économique dont elle est l'un des principaux instruments avec la politique budgétaire (croissance, plein emploi, stabilité des prix et équilibre extérieur). La politique monétaire agit sur ces objectifs à travers ses objectifs intermédiaires.

En ce qui concerne la zone CEMAC, le constat suivant peut être fait quant à l'évolution de la quantité de monnaie en circulation au sens M2 (billets de banque + pièces métalliques + dépôts à vue + comptes sur livret auprès des établissements de crédit) et du taux de croissance du PIB sur la période qui va de 1970 à aujourd'hui.

Selon les statistiques de la Banque Mondiale, pour les pays de la CEMAC l'on a observé un taux de croissance négatif entre 1977 et 1980 alors que le taux de croissance de la masse monétaire se situait entre 38,1% et 21,38%. Entre 1987 et 1994, l'on a observé un taux de croissance faible compris entre 1% (1994) et -6,1% (1987) tandis que le taux de croissance de la masse monétaire était négatif -4,2% (1986) puis -18,3% (1987) et -9,2% en (1993) avant de redevenir positif en 1994 (26,54%). En ce qui concerne l'inflation, elle était de 7,3% en 1986 puis 26% en 1994 et 4,5% en 2001.

On observe que depuis 1997 le taux de croissance de la masse monétaire est redevenu positif tandis que le taux de croissance du PIB est faible autour de 4,5%.

Globalement, on remarque que quand la masse monétaire augmente, l'inflation augmente tandis que le PIB diminue.

Alors se pose le problème de la spécificité de la relation qui existe entre le taux de croissance de la masse monétaire et le taux de croissance du PIB dans la zone CEMAC.

Les réformes monétaires des années 1990 dans la zone CEMAC ont conféré à la politique monétaire commune davantage de flexibilité et d'efficacité dans la poursuite de l'objectif primordial de la sauvegarde de la stabilité interne et externe de la monnaie[3]. On peut cependant s'interroger sur l'impact de la politique monétaire sur l'activité économique dans la zone CEMAC.

En première lecture, il ressort de la problématique de notre étude le débat de la neutralité ou non de la monnaie, analysé comme l'étude des rapports entre sphère monétaire et sphère réelle notamment à travers les effets d'une variation de la masse monétaire sur la sphère réelle.

Mais la question va au-delà de cette interrogation sur la neutralité de la monnaie. Elle nécessite d'étudier les canaux de transmission qui relient la sphère monétaire à la sphère réelle. Cet approfondissement fait apparaître l'enjeu implicite d'un tel sujet.

Ainsi **la question principale de notre recherche est la suivante :** *Quel est l'impact de la politique monétaire sur la croissance économique en zone CEMAC ?*

Cette interrogation principale aboutie à deux questions spécifiques :

D'une part, la politique monétaire axée sur la manipulation des agrégats de monnaie et de crédit a-t-elle un impact sur la croissance économique en zone CEMAC ?

---

[3] La stabilité monétaire comprend d'une part la stabilité interne qui correspond à un taux d'inflation faible et d'autre part la stabilité externe qui renvoie à un taux de couverture de la monnaie suffisant (le seuil minimal est de 20% d'après la BEAC).

D'autre part, le maintien de la stabilité des prix qui est l'objectif principal de la politique monétaire de la BEAC est-il favorable à la croissance économique en zone CEMAC. ?

La revue de la littérature économique fait ressortir aussi bien au plan théorique qu'empirique un débat sur l'impact de la politique monétaire sur l'activité économique.

Sur le plan théorique, les néoclassiques affirment que la monnaie n'a aucune influence sur les variables réelles, elle serait donc *neutre* ainsi toute action monétaire est sans effet sur l'activité et conduit uniquement à l'inflation. Cette position est formalisée par (Fisher, 1911) dans la théorie quantitative de la monnaie (TQM).

Cette analyse sera remise en cause par (Keynes, 1936) à qui il revient d'avoir mis en évidence que les économies modernes sont marquées par l'incertitude. Pour lui, la monnaie est active et doit répondre aux besoins de l'économie. Il fonde donc la possibilité d'une politique monétaire *expansionniste* pour stimuler l'activité économique.

L'analyse keynésienne sera quelque peu nuancée par l'école monétariste et notamment (Friedman, 1968) pour qui, les effets de la politique monétaire ne sont que *transitoires*, elle est ainsi neutre à long terme. Il préconise donc une politique monétaire fondée sur des règles strictes arrimant la croissance de la masse monétaire à la croissance de la production (règle du K%).

En introduisant les *anticipations rationnelles,* la nouvelle école classique (NEC) avec notamment (Lucas, 1970) et (Sargent, 1972) va radicaliser la position monétariste et affirmer que l'action monétaire est sans effet même à court terme sur la production.

La synthèse Néokeynésienne reconnaitra à la politique monétaire un potentiel conjoncturel pour impulser la croissance à court terme tandis qu'à long terme son rôle se limiterait à stabiliser les prix.

Le débat entre les économistes keynésiens et monétaristes s'est surtout situé dans le contexte du cadre analytique de l'équilibre général keynésien de détermination du revenu et du taux d'intérêt assurant l'équilibre simultané sur le marché des biens et services et le marché monétaire en économie fermée.

Les classiques pensent que dans le court terme les impulsions monétaires n'exercent que des effets limités sur l'activité réelle. Cette position se justifie par le fait que selon eux, l'épargne des ménages et l'investissement des entreprises seraient très peu sensibles aux variations du taux d'intérêt. Ainsi, pour les tenants de cette thèse, la monnaie est un voile ; en d'autres termes, elle est neutre.

En revanche, selon les monétaristes, la politique monétaire a un rôle actif sur la croissance économique. De leur point de vue, la politique monétaire restrictive entraîne une diminution des prix relatifs des actifs monétaires, financiers et réels .Cela se traduit par une modification des demandes réelles que sont la consommation et l'investissement mais également les stocks réels accumulés. Ainsi pour FRIEDMAN (1968 et 1969), à court terme les variations de la quantité de monnaie peuvent avoir des effets temporaires réels à cause de la rigidité initiale des prix. Cependant à long terme, sous l'hypothèse de flexibilité des prix et du marché du travail, les variations de la masse monétaire n'ont d'effet que sur le niveau général des prix. La production et l'emploi ne sont pas affectés.

Dans la théorie keynésienne, le principal mécanisme de transmission de la politique monétaire est le canal du taux d'intérêt, qui concerne l'ensemble des moyens par lesquels la variation des taux directeurs est susceptible d'affecter la sphère réelle, à travers les décisions d'investissement et de consommation des entreprises et des ménages. Pour les keynésiens, la croissance de la masse monétaire influe à la fois sur les prix (inflation) et les quantités (hausse de la production). La politique monétaire est un instrument de politique conjoncturelle et elle relève d'interventions discrétionnaires. Il s'agit en fonction de la conjoncture de pouvoir discrétionnairement augmenter ou diminuer les taux d'intérêt de façon contra cyclique.

Selon l'approche néo-keynésienne représentée par le modèle IS-LM, les chocs monétaires sont transmis à la sphère réelle à travers le taux d'intérêt qui est le canal privilégié. CHANDAVARKAR (1971), assure que la fixation des taux à des niveaux appropriés, permet d'assurer l'investissement désiré en volume et en composition. Selon lui le taux d'intérêt doit être maintenu à des niveaux bas pour stimuler l'investissement.

Mc KINNON et SHAW (1973), allant à l'encontre de ce raisonnement, ont montré que des niveaux de taux d'intérêt bas ne favorisent pas l'accumulation du capital et la croissance économique. En effet des taux d'intérêt faibles peuvent stimuler la demande d'investissement. Toutefois, du fait de leur niveau assez bas, ils ne peuvent pas susciter l'épargne nécessaire en vue de satisfaire cette nouvelle demande créée. Il en résulte par conséquent une diminution de l'investissement. Pour ces raisons, ces auteurs prônent la *libéralisation financière*. En conséquence, développant la théorie de la *répression financière*, ils arrivent à montrer que les taux d'intérêt maintenus à des niveaux bas pouvaient entraîner des effets néfastes sur l'épargne.

Selon DORNBUSH (1976), l'effet liquidité induit par l'impulsion monétaire initiale relançant la demande interne s'accompagne également d'une hausse de la demande étrangère à la suite d'une dépréciation du taux de change de court terme supérieure à la dépréciation de long terme. De ce point de vue, la politique monétaire n'a que des effets nominaux et non des effets réels.

D'autres auteurs travaillant en information asymétrique sur les canaux de transmission de la politique monétaire, ont montré qu'une hausse des taux d'intérêt pourrait également se traduire par une baisse de l'offre des crédits par les banques. Celle-ci résulterait de l'incertitude sur la solvabilité de certains clients à la suite de l'augmentation du risque induite par la hausse du crédit. C'est ainsi que STIGLITZ et WEISS (1981) ont montré, qu'en présence d'une information asymétrique entre prêteurs et emprunteurs, les variations des taux débiteurs bancaires ne permettent pas un apurement efficace du marché du crédit. Dans une telle situation, le rationnement du crédit qui est la seule réponse optimale aux variations de taux d'intérêt débiteurs impulsés par les autorités monétaires entraînera une diminution de la demande via la baisse de l'investissement.

Au-delà du débat théorique, de nombreuses **études empiriques** ont porté sur l'impact de la politique monétaire sur la croissance économique notamment ANDERSEN et CARLSON (1970), qui ont développés un modèle connu sous le nom de modèle de St. LOUIS, exprimant la variation de la dépense totale courante en fonction des variations de l'offre de monnaie et des dépenses publiques.

L'objectif visé par ce modèle était d'une part, de tester l'efficacité relative des politiques monétaire et budgétaire sur l'activité économique, et d'autre part de fournir un outil de prévision de la demande globale. Le résultat fondamental qui se dégage de leur étude est que l'impact de politique monétaire est plus important, plus rapide et plus prévisible que celui de la politique budgétaire. Dans une version ultérieure du modèle de St. LOUIS, une spécification en termes de taux de croissance a été utilisée (CARLSON, 1978). Avec des donnés trimestrielles des Etats-Unis sur la période 1953 à 1976, les résultats montrent que les effets de l'offre de monnaie sont significatifs et positifs sur l'activité.

Avant celà, MUNDELL (1962), a montré que l'action monétaire est inefficace sauf en régime de changes flexibles quelque soit le degré de mobilité des capitaux. En effet selon MUNDELL, dans un régime de changes flexibles, la mobilité des capitaux implique une relation simple entre le taux d'intérêt et le taux de change .la politique monétaire expansionniste entraîne une baisse des taux d'intérêt qui relance la production.

TOBIN (1965) quant à lui cherche à discuter du rôle des variables monétaires dans la détermination de degré d'intensité du capital dans une économie, il utilise un modèle agrégé notamment et montre que la monnaie est capable d'influer sur le niveau d'activité en modifiant le portefeuille des ménages. Si jamais le pouvoir d'achat de la monnaie diminue sous l'effet de l'inflation, alors les agents vont préférer détenir des actifs réels dans leurs portefeuille ce qui va se traduire par une augmentation de l'investissement et donc une croissance plus forte.

D'après ROBINSON (1965), une politique de taux d'intérêt bas permet de promouvoir l'investissement et la croissance économique.

SIDRAUSKI (1967), abouti à la neutralité de la monnaie sur le niveau et l'évolution du PIB. Il suppose que la monnaie entre dans la composition de la fonction d'utilité des ménages car elle fournit un flux de services issus de sa détention. La monnaie dans ce cas n'aurait aucun effet ni à court terme ni à long terme car elle ne serait pas susceptible d'influer sur le niveau et l'évolution du PIB.

TOBIN (1969) utilisant une approche en équilibre général montre que la politique monétaire affecte la demande agrégée principalement à travers la modification de la valeur du capital physique en rapport avec son coût de remplacement.

L'étude de BETTEN et HAFER (1983), portant sur six pays industrialisés aboutit à une conclusion que la politique monétaire à un effet significatif dans tous les pays étudiés.

CHOWDHURY (1988) a appliqué l'équation de St. LOUIS à six pays Européens, les résultats font ressortir que l'impact de la politique monétaire sur l'activité économique était plus important dans trois pays.

ROMER (1989) observe qu'une politique monétaire restrictive réduit la masse monétaire ce qui conduit à une contraction du crédit bancaire. Il s'ensuit une baisse de l'investissement qui déprime l'activité économique.

RAMSEY (1993) reconnaît qu'une modification de politique monétaire induit un changement rapide de l'agrégat M2, il précise cependant que le crédit bancaire et la production réagissent avec des délais plus ou moins importants, ce-ci l'amène à conclure à une efficacité supérieure du canal de la monnaie et à un rôle marginal du canal du crédit.

De BOISSIEU (2002) souligne que le canal du crédit n'est en général pas indépendant du canal du taux d'intérêt, et tous les deux jouent dans le même sens pour renforcer l'impact de la politique monétaire.

A l'exception de certaines études comprenant pour la plupart des pays d'Amérique latine, peu de travaux ont concernés les pays en développement.

Dans le contexte des programmes de stabilisation macroéconomique dans les pays en développement, KAHN et KNIGHT (1991) ont élaboré un modèle macro économétrique à partir duquel les effets de la politique monétaire sur le secteur réel peuvent être appréhendés. Il ressort de leurs travaux qu'en ce qui concerne l'inflation, c'est par le biais des déséquilibres sur le marché de la monnaie et celui des biens et services, que les variations du taux d'inflation sont expliquées.

King et Levine (1992) s'intéressent plus particulièrement à la question de l'approfondissement financier et procèdent pour cela à l'estimation du lien entre croissance économique et développement financier. Ils estiment une équation de rattrapage à la Barro en coupe transversale et trouvent l'existence d'un lien empirique fort entre la croissance économique et le développement financier, ce qui est en accord avec la position de Schumpeter. Cette étude va influencer largement des travaux ultérieurs menés dans le domaine de la politique monétaire.

Gomme (1993), Jones et Manuelli (1995), Gillman et Kejak (2002) ont mené une belle revue de différents modèles de croissance endogène, on note l'utilisation par Gillman et Kejak d'un modèle de base avec investissement en capital humain à la Lucas sans cash-in-advance et l'utilisation d'un consommateur représentatif. Il en ressort que, globalement, l'effet de l'inflation sur la croissance économique est négatif.

Bynoe (1994) a adopté la version modifiée de l'équation St. LOUIS pour tester empiriquement les effets de la politique monétaire sur l'activité économique dans cinq pays Africains et en utilisant les données annuelles couvrant pour la plupart la période 1965-1990.Il explique ainsi la prédominance des effets de la politique monétaire par une monétisation des réserves en devises ou du déficit budgétaire dans ces pays.

Ireland (1994) utilise un modèle basé sur la maximisation de l'utilité d'un ménage représentatif et la fonction de production de King et Rebelo (1990), à partir des données des Etats-Unis il montre que l'effet de l'inflation sur le produit réel est faible mais négatif et que les effets de la croissance économique sur le système monétaire sont substantiels. Ses résultats sont compatibles avec ceux des travaux de Tobin et Sidrauski.

Pour Alexander (1997), Khan et Senhadji (2001), Gillman et al. (2002), Drukker et al. (2005), il en ressort qu'une faible inflation a un effet positif sur la croissance, tandis qu'une inflation élevée a un effet négatif sur la croissance économique.

Bernanke et Mihov (1998) utilisant un VAR semi structurel pour évaluer et mesurer les effets des chocs de politique monétaire sur l'activité économique aboutissent à la conclusion que le taux d'intérêt du marché interbancaire est un meilleur indicateur de la politique monétaire que la masse monétaire et qu'il est difficile d'avoir un indicateur unanime pour évaluer la politique monétaire.

Bruneau et De Bandt (1998) discutant de l'intérêt et des limites de la modélisation VAR structurel, font une application à la politique monétaire de la France et trouvent que la politique monétaire a des effets significatifs sur l'activité et l'inflation : l'impact d'un choc monétaire sur l'inflation est négatif et persistant tandis qu'un choc monétaire restrictif entraîne un baisse du produit réel.

Beck, Levine et Loayza (1999) mènent une étude en données de panel et en coupe afin d'évaluer les relations empiriques de manière dynamique entre le niveau de développement financier et la croissance économique. Cet article se distingue par l'utilisation des *dynamic panel data,* qui permettent d'estimer les relations de croissance en utilisant une variable endogène retardée. Ils utilisent les variables instrumentales via l'estimateur des moments généralisés (GMM). Cette méthode, qui constitue alors une avancée méthodologique est aujourd'hui utilisée par la plupart des macro-économistes parce qu'elle permet d'apporter des solutions aux problèmes de biais de simultanéité, de causalité inverse et de variables omises. Ils aboutissent à la conclusion que les composantes exogènes du développement de l'intermédiation financière influencent positivement la croissance économique.

SARR et DINGUI (2000), ont travaillé sur les mécanismes de transmission de la politique monétaire en Côte d'Ivoire en utilisant un modèle Vectoriel Auto Régressif (VAR) avec sept variables dont : le taux d'escompte, le taux débiteur réel des banques, la masse monétaire, le crédit à l'économie, le PIB réel, l'indices des prix à la consommation et l'investissement privé. Les donnés utilisées dans leur étude sont issues des statistiques monétaires et celles de l'activité réelle sur base annuelle. Les tests d'intégration ont permis de détecter des ruptures structurelles dans les données. Les résultats obtenus montrent que les impulsions monétaires sont transmises à la sphère réelle via le taux d'intérêt débiteur des banques. Un choc monétaire de 1% entraîne une augmentation de l'activité réelle de 0,2%. En revanche, une hausse de l'inflation de 1% entraîne une régression de l'activité réelle de 0,01%.

KONE (2000) dans un article publié à la BCEAO[4]., analyse l'efficacité relative des politiques monétaire et budgétaire de par leurs actions sur l'activité économique des pays membres de l'UEMOA[5]. En termes réels et en termes nominaux sur le court terme et le long terme à l'aide d'un modèle à correction d'erreur (M.C.E.). A la différence de BERNARD (2000), il effectue une investigation empirique en séries temporelles. Il aboutit au résultat que les politiques monétaire et budgétaire influenceraient positivement le PIB nominal et réel.

BERNARD. (2000) s'intéresse à la question avec une approche en données de panel et en adoptant une optique purement Keynésienne, ses résultats restent toutefois mitigés, puisqu'il reste vague sur l'impact des variables monétaires sur la croissance économique. En outre dans son échantillon, le sous – échantillon des pays en voie de développement est trop faible par rapport à celui des pays de l'OCDE (organisation pour la coopération et le développement en Europe).

L'étude de KING (2002) qui est une extension de l'étude de Mc CANDLESS effectue une investigation en données de panel, elle a pour originalité que les taux de variation annuels moyens sont calculés à différents horizons et les principaux résultats auxquels elle aboutit sont l'existence d'une corrélation entre la croissance de la base monétaire et l'inflation qui augmente avec la longueur de l'horizon sur lesquels les taux de variations sont calculés ce qui permet de prendre en compte les délais de transmission des impulsions monétaires à l'inflation, on note aussi l'absence d'une relation de long terme entre croissance du produit réel et croissance monétaire, ce résultat est cependant moins robuste, il semble que cela dépend du taux de croissance et de la quantité de monnaie.

Selon NUBUKPO (2002), une modification du taux d'intérêt directeur engendre une variation des taux bancaires qui influe sur la demande des biens. En outre la modification du taux directeur a un impact sur le taux de change (dans les régimes de changes flexibles) et par suite sur les prix relatifs des biens et des actifs selon les devises.

---

[4] Banque Centrale des Etats de l'Afrique de l'Ouest (BCEAO), c'est l'institut d'émission des pays de l'UEMOA.

[5] UEMOA : Union Economique et monétaire Ouest Africaine. Elle a été créée en 1994 et compte à ce jour huit Etats membres : Bénin, Burkina Faso, Cote d'Ivoire, Mali, Niger, Sénégal, Togo, Guinée Bissau.

GRAUWE et POLAN (2005) examinent à travers une régression fondée sur l'équation quantitative de la monnaie, la relation entre croissance monétaire et inflation. L'étude est menée en coupe transversale et en données de panel. Les résultats de l'étude montrent sur l'ensemble de l'échantillon une relation positive et élevée entre le taux de croissance de la masse monétaire et le taux d'inflation cependant les résultats restent moins robustes concernant la relation entre croissance monétaire d'une part et croissance de la production d'autre part.

ONDO OSSA (2005) mène une étude sur les pays de la zone CEMAC, en utilisant un modèle de panel, il montre que la politique monétaire a des effets expansionnistes sur l'activité économique contrairement à la politique budgétaire validant ainsi l'existence d'effets anti-keynésiens en zone CEMAC.

DRAMANI, DIACK LY et NDIAYE DIOUF(2007) analysent le mécanisme de transmission de la politique monétaire axé uniquement sur le rôle joué par le taux d'intérêt et le taux de change, ils ne tiennent pas compte des agrégats nominaux de la monnaie et du crédit. Ils utilisent un modèle macroéconomique d'ensemble dans le cadre de l'économie Sénégalaise et aboutissent au résultat qu'un resserrement temporaire des conditions monétaires entraîne une baisse transitoire de la production réelle en deçà de son niveau tendanciel.

MALLAYE (2009) étudiant l'impact des réformes monétaires sur la croissance économique en zone CEMAC, effectue une régression sur données de panel en utilisant l'équation de St Louis, parvient à la conclusion que les réformes monétaires ont des effets mitigés sur la croissance économique : la politique monétaire a généré une dynamique inflationniste au lieu d'une expansion du produit intérieur brut ; il remet donc en cause l'efficacité des réformes monétaires. On peut tout de même relever plusieurs limites à son étude : tout d'abord aucune solution n'est proposée devant l'inefficacité des réformes monétaire ensuite au plan méthodologique on note l'utilisation d'un panel simple comme l'a fait Ondo Ossa (2005), pourtant l'utilisation d'une méthode plus récente comme la méthode généralisée des moments appliquée à un panel dynamique aurait certainement permis d'obtenir des résultats plus robuste étant entendu qu'elle permet d'apporter des solutions aux problèmes de biais de simultanéité, de causalité inverse et de variables omises, ce qui semble flagrant dans cette étude.

La lecture attentive de la littérature portant sur la relation : politique monétaire / croissance économique nous a permis de découvrir qu'il 'existait très peu d'études dans ce domaine concernant les pays de la CEMAC à la lumière de nos lectures. Ainsi se pose la question de savoir si les conclusions des études sus mentionnées peuvent s'appliquer au contexte de ces pays.

Au regard de la problématique de notre étude, l'objectif général de ce livre est d'évaluer l'impact sur la croissance économique de la politique monétaire axée d'une part sur les agrégats de monnaie et de crédit et d'autre part sur le maintien de la stabilité des prix en zone CEMAC.

De cet objectif général peuvent être soulevés les objectifs spécifiques suivants :

- le premier est de valider l'existence d'un lien entre les variables monétaires et la production
- le second porte sur l'existence d'un lien entre stabilité des prix et croissance économique.

L'intérêt de notre étude, il peut s'observer à trois niveaux : théorique, pratique et celui de la politique économique.

Au niveau théorique, il s'agit de ressortir l'influence des variables monétaires et financières sur les variables réelles. Mais aussi de montrer l'importance, voire la place centrale de politique monétaire pour tout objectif de croissance économique.

Au niveau pratique, cette étude se veut un complément remarquable dans l'analyse de l'influence de la politique monétaire sur la croissance économique en zone CEMAC. Ceci grâce à l'approche méthodologique utilisée.

Au niveau de la politique économique, cette recherche pourra fournir aux décideurs de politique économique et plus particulièrement aux autorités en charge des questions monétaires et financières, un élément d'appréciation sur la politique monétaire menée par la BEAC depuis les reformes des années 1990. Afin de pouvoir éventuellement faire des ajustements en vue de soutenir les politiques économiques générales des Etats membres sans préjudice de l'objectif de stabilité monétaire que s'est fixé cet institut d'émission.

Pour atteindre nos objectifs, cette étude retient les hypothèses suivantes :

H1 : La politique monétaire axée sur les impulsions monétaires a un impact positif sur la croissance économique en zone CEMAC.

H2 : L'inflation a un effet négatif sur la croissance économique en zone CEMAC.

Pour tester de façon efficiente ces hypothèses, une méthodologie rigoureuse est nécessaire.

Afin de répondre aux préoccupations suggérées par la question de recherche, une **méthodologie** en deux composantes sera utilisée. En effet, dans un premier temps, il sera question de savoir si la politique monétaire à travers la manipulation des agrégats de monnaie et de crédit impacte l'activité économique. Dans un second temps, il sera alors question d'évaluer l'impact de l'inflation sur la croissance économique.

1-Evaluation de l'impact de la politique monétaire sur la croissance économique
L'économétrie des données de panel prend en compte à la fois les données individuelles et temporelles, ce qui permet de mieux appréhender les différents facteurs susceptibles d'expliquer la croissance et de tenir compte des spécificités individuelles. Nous utiliserons donc un modèle de panel et plus précisément un panel dynamique auquel nous appliquerons la méthode des moments généralisés (GMM) car elle permet de contrôler les effets spécifiques individuels et temporels mais aussi de palier au biais de simultanéité, de causalité inverse et de variables omises.
Tout d'abord, afin d'avoir une bonne spécification du modèle, nous allons nous pencher sur les questions de stationnarité des variables en effectuant des tests de racine unitaire puis nous effectuerons un test d'autocorrélation des résidus puisque la méthode des moments généralisés suppose la quasi-stationnarité des variables de l'équation en niveau et l'absence d'autocorrélation des résidus. Les résultats obtenus indiqueront si des tests complémentaires doivent être menés afin d'expliciter le sens de la relation que nous cherchons à étudier.
Le modèle empirique à estimer s'inspire de l'équation de croissance de Barro qui fut utilisée par Beck, Levine et Loayza (1999).
Les variables du modèle sont : le taux de croissance économique évalué par le taux de variation du PIB (c'est la variable à expliquer), le taux de croissance de la masse monétaire au sens M2, le taux de croissance de la dette publique (en pourcentage de M2), le taux d'intérêt débiteur des banques , le total des réserves (y compris l'or), les exportations , les investissements privés et le crédit domestique fourni par le secteur bancaire (en pourcentage du PIB).

Le rôle de la politique monétaire est saisie par le taux de croissance de la masse monétaire (au sens M2), le taux débiteur réel des banques étant donné que ce sont principalement sur ces deux variables que la BEAC agit pour atteindre ses objectifs. Tandis que la croissance économique est saisie par le taux de variation du PIB.

Ainsi, le modèle à estimer s'écrit sous la forme suivante :

$$y_{i,t} = \alpha\, y_{i,t-1} + \beta'\, X_{i,t} + v_i + \varepsilon_{i,t}$$

Avec **y** le logarithme du taux de croissance PIB, **X** l'ensemble des variables explicatives, **v** est l'effet spécifique individuel non observé et **ε** le terme d'erreur.

2- Evaluation de l'impact de l'inflation sur la croissance économique

Cette deuxième étape va nous permettre de mettre en lumière l'impact de la stabilité des prix sur la croissance économique en zone CEMAC. Le modèle à estimer s'inspire des travaux de GRAUWE et POLAN (2005).

*Comme **variables de notre modèle** on a* :

Le taux de croissance économique évalué par le taux de variation du PIB (c'est la variable à expliquer), l'inflation mesurée par l'évolution de l'indice des prix à la consommation, le taux de croissance de la masse monétaire au sens M2, le taux de croissance de la dette publique (en pourcentage de M2), le taux d'intérêt débiteur des banques, les exportations, les investissements privés. Le modèle à estimer s'écrit selon la spécification retenue plus haut.

Notre échantillon est constitué des six pays de la CEMAC : Cameroun, République Centrafricaine, Congo, Gabon, Guinée Equatoriale et Tchad.

Ces pays sont dotés d'une Banque Centrale commune qui définit et met en œuvre la politique monétaire applicable dans ces six Etats à savoir la BEAC.

Les données proviennent des statistiques de la BEAC, des ministères en charge des questions économiques et financières des pays de la zone CEMAC et de la Banque Mondiale.

Notre période d'étude va de 1986 à 2006. Elle peut être subdivisée en deux sous-périodes. En réaction à la grave crise économique qui secouait les pays de la CEMAC, le conseil d'administration de la BEAC se réunit le 16 Octobre 1990 et adopte une série de mesures qui vont reformer la politique monétaire menée jusqu'à lors[6].

La première sous- période sera : 1986-1991 et la seconde ira de 1992 à 2006. Cet échantillon repose donc sur une analyse en coupe longitudinale et transversale d'un échantillon de six pays sur la période 1986-2006.

Pour mener à bien cette étude, notre travail va s'organiser en deux grandes parties. La première partie intitulée « Monnaie et croissance économique en zone CEMAC » a pour objectif d'évaluer l'incidence de la politique monétaire à travers les impulsions monétaires sur la croissance économique. Elle commence par revisiter le débat théorique de la relation monnaie croissance économique. Puis elle procède à une vérification dans le contexte des pays de la sous-région.

La deuxième partie quant à elle a pour objectif d'évaluer l'impact de la politique de stabilité des prix sur la croissance économique en zone CEMAC compte tenu de l'hétérogénéité des pays. Elle s'intitule « Stabilité des prix et croissance économique en zone CEMAC ». Pour atteindre cet objectif, nous commencerons par présenter le débat sur les effets de la stabilité des prix sur la croissance puis nous étudierons les spécificités de la relation stabilité des prix croissance économique en zone CEMAC, et enfin nous procéderons à une vérification empirique de cette relation.

---

[6]   La programmation monétaire devient effective sur toute l'étendue de la zone CEMAC le 1er janvier 1992.

PREMIERE PARTIE : MONNAIE ET CROISSANCE ECONOMIQUE EN ZONE CEMAC

INTRODUCTION DE LA PREMIERE PARTIE

Principal instrument de la politique économique, la politique monétaire est l'ensemble des modalités suivant lesquelles les autorités monétaires emploient certains instruments pour influencer les objectifs opérationnels et intermédiaires de la politique économique à travers les variables monétaires. La politique monétaire poursuit les mêmes objectifs que la politique économique générale qui sont : la stabilité des prix ; l'emploi ; l'équilibre extérieur et la croissance économique. Cependant, si on lui reconnaît une certaine efficacité en matière de lutte contre l'inflation, l'existence et la nature d'un impact sur l'activité économique et plus précisément sur la croissance économique continuent d'alimenter les débats parmi les économistes. Si pour certains économistes, les impulsions monétaires sont déterminantes dans les variations de la production, de l'emploi et des prix, pour d'autres par contre la monnaie n'a aucun effet sur l'activité.

Cette partie, intitulée : « Monnaie et croissance économique en zone CEMAC » se propose de revisiter le débat sur l'existence ou non d'un effet de la monnaie sur l'activité (Chapitre 1) avant de valider ou non l'existence d'un effet de la monnaie sur l'activité en zone CEMAC (Chapitre 2).

CHAPITRE I : MONNAIE ET CROISSANCE : UNE APPROCHE THEORIQUE

Introduction

On reconnaît d'emblée le problème de l'influence de la monnaie sur l'activité en débat depuis l'antiquité qui a agité et agite encore la communauté des économistes. On peut ainsi reprendre cette célèbre remarque de John Stuart Mills dans ses *Principes de l'économie politique* (1848) « Il n'est pas dans l'économie d'une société quelque chose de plus insignifiant que la monnaie ». Cette idée d'une neutralité de la monnaie s'est particulièrement affirmée dans l'économie libérale classique voulant rompre avec la conception de monnaie-richesse des mercantilistes, elle proclame que la monnaie n'est qu'une « fiction ». L'école néo-classique à la suite de l'école classique croit pouvoir assurer la prééminence des mécanismes économiques naturels fondés sur le marché. Nous retrouvons cette tradition de nos jours sous les formes différentes de monétarismes, nuancées chez Friedman ou radicale pour la Nouvelle Economie Classique (NEC). Mais cette position ne va pas sans contradictions qu'une tradition parallèle depuis le 18e siècle soulignera avant qu'avec Keynes la monnaie ne soit remise au centre d'une économie monétaire de production.

Afin de faire revivre ce vif débat, la première section de ce chapitre présente l'opposition entre les traditions neutralistes et l'approche intégrationniste de la monnaie, alors que la deuxième s'attellera à ressortir le débat entre économistes monétaristes et keynésiens.

SECTION 1 : DE l'APPROCHE DICHOTOMIQUE à l'APPROCHE INTEGRATIONNISTE DE LA MONNAIE

Les controverses sur la nature de la monnaie se poursuivent depuis des siècles. Pour les uns, la, monnaie est externe au monde de la production. C'est une marchandise particulière dont l'offre est exogène (approche dichotomique). Pour les autres, elle est la contrepartie du crédit qui est indispensable à la production, elle est donc interne (approche intégrationniste). Son offre est endogène. L'enjeu n'est pas que de pure théorie parce que la monnaie est un levier de l'action collective pour réguler la macroéconomie. Afin de mieux comprendre ce débat, il convient de revenir sur les fondements des thèses neutralistes de la monnaie avant de voir les critiques qui leur ont souvent été formulées.

1-1 - L'analyse neutraliste ou dichotomique des classiques et des néo-classiques

Les premiers économistes analysent l'économie en la divisant en deux sphères distinctes, à savoir : la sphère réelle dont l'intérêt réside dans la détermination du volume de la production nationale et de la quantité de transactions à financer par le stock monétaire, d'une part, et la sphère monétaire dont l'analyse concerne la monnaie et le niveau général des prix, d'autre part. ainsi, la première sphère est celle de la mesure de la croissance économique tandis que la deuxième est celle de l'évaluation du taux de variation de la monnaie et du niveau général des prix. A priori, les pré-classiques, les classiques et les néoclassiques soutiennent donc une absence de lien entre la croissance et l'offre de monnaie.

Les traditions neutralistes et quantitativistes vont être essentiellement confrontées au délicat problème de la demande de monnaie : pourquoi la monnaie externe est-elle acceptée par des sujets économiques qui obéissent à la loi de la valeur sans pour autant faire partie des marchandises qui ont une valeur, sinon ce ne serait pas une monnaie externe.

Smith (1776) propose une réponse une solution quantitativiste pour la monnaie métallique (même si comme toujours chez lui certains passage peuvent induire une autre piste) ; l'or et l'argent ne font pas partie de la richesse des nations et n'ont pas de valeur intrinsèque. La monnaie trouve sa valeur dans la quantité des autres biens ce qui suppose que la vitesse de circulation de la monnaie est constante. Comme l'or-monnaie n'a pas d'utilité directe, n'étant qu'un intermédiaire de la circulation, l'élasticité de la quantité d'or par rapport à son prix est égale à l'unité, ce qui suppose ainsi qu'il n'y a pas de thésaurisation, la monnaie n'a aucune incidence sur l'activité économique. Voici chez Smith clairement exprimé le cœur de la théorie quantitativiste traditionnelle déjà partiellement formulée précédemment avec Jean Bodin au 16e siècle ou Locke à la fin du 17e.

Ricardo va donner une forme plus achevée à ce quantitativisme classique en développant une théorie de la neutralité de la monnaie dans le régime du papier monnaie inconvertible : l'institut d'émission peut imposer à l'économie l'offre de monnaie qu'il décide d'émettre mais il ne peut pas en contrôler la valeur c'est à dire le pouvoir d'achat sur les marchandises. Ce pouvoir d'achat vient de la demande de monnaie pour la circulation qui n'est pas construite comme celle des autres biens mais qui ne peut être définie qu'une fois connu le système des prix relatifs d'équilibre de tous les autres biens. Par conséquent la monnaie est neutre parce que sa demande n'est pas construite comme celle des autres biens.

On peut qualifier ce quantitativisme ancien de « neutralité triviale » (Aglietta, 2003), car le marché de la monnaie est juxtaposé aux autres marchés sans effet sur eux.

Irvin Fisher (1911) va formuler une équation qui exprime à merveille cette neutralité triviale :

M.V=P.T

Dans cette équation Fisher établit une relation causale de la quantité de monnaie en circulation (M) et le niveau général des prix (P), la vitesse de circulation de la monnaie (V) étant supposée constante ; où (T) est le volume de transactions.

Fisher écrit plaisamment : « Un volume supérieur de monnaie achetant le même volume de marchandises, il faut que les prix montent. C'est exactement comme du beurre qu'on étale sur du pain : si on met plus de beurre, il faut que la couche soit plus épaisse ». Mais un problème se pose quant à la formation de l'équilibre sur le marché de la monnaie : comment va –t-elle retrouver son équilibre sous régime d'inconvertibilité puisqu'il n'ya plus la force de la monnaie métallique ? Le pouvoir d'achat de la monnaie reste indéterminé si on quitte le monde de l'indexation sur l'or défendu par Ricardo et la *Currency school* pour le monde réel qui s'impose dès le 19e siècle d'une monnaie scripturale induite par le développement économique.

La théorie quantitative de la monnaie affirme donc que la monnaie n'a pas d'effet sur l'activité économique, il existe une séparation stricte ou dichotomie entre sphère réelle (consommation, investissement, emploi, production) et sphère monétaire et l'inflation est un phénomène monétaire. Le fonctionnement distinct de la sphère monétaire et de la sphère réelle fait perdre tout intérêt à une politique voulant jouer sur la masse monétaire pour favoriser la production et l'emploi. La seule conséquence constatée serait une augmentation générale des prix. La politique monétaire est donc incapable d'influencer l'activité économique.

1-2- La critique de l'approche dichotomique ou l'approche intégrationniste de Keynes

La théorie quantitative de la monnaie (TQM) va faire face à de vives critiques liées entre autres à l'indétermination supposée ou réelle du pouvoir d'achat de la monnaie.

Ainsi la *banking school* remarquait que si les droits sur la production exprimés dans les effets de commerce sont de « vrais droits », leur escompte par les banques ne peut être excessive puisque la monnaie ainsi créée finance des marchandises produites ou en cours de production. La monnaie bancaire est alors automatiquement proportionnée à la valeur de la production. Mais on constate que la monnaie émise peut correspondre à de « faux droits », des droits inflationnistes : ainsi, la monnaie bancaire sans contrôle central peut être à la source de véritables cycles économiques avec des phases inflationnistes et déflationnistes.

L'école suédoise va chercher à rendre compte de ce phénomène : Knut Wicksell (*Interest and prices*, 1898) souligne que dans un régime monétaire de pure économie de crédit (monnaie exclusivement scripturale reposant sur l'endettement bancaire préalable), taux d'intérêt monétaire et taux d'intérêt naturel peuvent facilement diverger en inflation et déflation successives initiant ainsi une théorie monétaire des cycles comme l'a reprise Myrdal dans son analyse des déséquilibres monétaires. La monnaie devient endogène et a un effet réel.

Cantillon dès 1755 soulignait qu'un accroissement de la masse monétaire (pouvant provenir d'une accélération de la vitesse de circulation ou d'une balance commerciale bénéficiaire) peut avoir un effet sur les prix relatifs et induire en conséquence une modification du montant et de la structure de production. Cet « effet Cantillon » est la base même de l'analyse contemporaine de Hayeck : l'émission monétaire excessive en rendant le crédit plus facile peut allonger le processus de production ; les investissements se développent, aboutissent à un déséquilibre entre le marché des biens de production et celui des biens de consommation, ce qui sera source de crise. On voit que le libéralisme autrichien tranche avec le quantitativisme standard en soulignant que la monnaie a une influence non seulement à court terme mais aussi à long terme ; la monnaie est active mais elle est nocive. La conception d'une monnaie totalement endogène ne peut pas se développer complètement autant chez Wicksell que chez Hayeck car elle a du mal à s'accorder avec un équilibre indépendant de marché. Il faudra abandonner l'hypothèse d'une information optimale fournie par le système des prix pour que puisse se concevoir une monnaie endogène et active.

La théorie keynésienne est le pas décisif vers l'analyse intégrée. En effet, il revient à Keynes d'avoir mis en évidence que les économies modernes sont marquées par l'incertitude dans leur principe même de fonctionnement. Ainsi, si on peut supposer la fonction de consommation stable et prévisible, il n'en va pas de même de la fonction d'investissement : les décisions d'investissement sont prises sur la base d'anticipation de ce que seront les ventes futures ; or ces anticipations ne sont pas fondamentalement probabilisables. Il y a donc instabilité au cœur du système expliquant la généralité des déséquilibres et le caractère et le caractère exceptionnel de l'équilibre. Les décisions de produire des entreprises y sont séparées de leurs marchés : il y a donc indétermination fondamentale sur l'avenir qui entraîne une norme d'incomplétude et d'asymétrie de l'information qui permet de renouveler le débat sur la monnaie. Cela s'exprime dans deux aspects majeurs. D'une part le système bancaire joue un rôle irremplaçable en initiant le circuit puisqu'il y a séparation des projets de production et vente des produits. L'investissement produisant l'épargne et non l'inverse ; nous sommes donc bien dans la lignée du *banking principle* et cela nous mène à l'économie d'endettement et au diviseur de crédit de l'école moderne de la banque. C'est en ce sens qu'on peut parler d'une économie monétaire de production. D'autre part, la préférence pour la liquidité se fonde sur la nécessité de se prémunir contre l'incertitude intrinsèque au système, contre l'incomplétude de nos informations. Pour Keynes, nous désirons de la monnaie pour trois raisons : motif de transaction « i.e. le besoin de monnaie pour la réalisation courante des échanges personnels et professionnels ». D'où une distinction entre motif de revenu (ménages) et motif d'entreprise (firmes) ; motif de précaution « i.e. le désir de sécurité en ce qui concerne l'équivalent futur en argent d'une certaine proportion de ses ressources totales » ; motif de spéculation « i.e. le désir de profiter d'une connaissance meilleure que celle du marché de ce que réserve l'avenir ».

La demande de monnaie $L1$ (L pour *Liquidity*) pour motif de précaution ou de transaction dépend du revenu Y :

$L1 = uY$ avec $u > 0$

La demande de monnaie pour motif de *spéculation* $L2$ « dépend principalement de la relation entre le taux d'intérêt courant et l'état de la prévision », elle s'écrit :

$L2 = vi + L0$ avec $v < 0$ pour deux raisons : plus le taux d'intérêt est faible et moins nous avons intérêt à placer l'argent ; plus le taux d'intérêt baisse « plus la probabilité que son mouvement se retourne à la hausse augmente, ce qui incite à détenir son épargne sous forme d'encaisses monétaires plutôt que de prendre le risque croissant d'essuyer des moins-values sur les obligations, dont les cours sont en train d'atteindre les sommets... »

Pour Keynes l'offre de monnaie Mo est exogène et dépend de la politique monétaire menée. L'équilibre sur ce marché s'écrit :

$$Mo = L1(Y) + L2(i)$$

En introduisant une incertitude radicale, Keynes permet de refonder la monnaie sur sa dimension proprement fiduciaire. Devant l'impossibilité des marchés à assurer une transmission inter temporelle sûre, la monnaie va se substituer à d'impossibles relations contractuelles. A la place d'un contrat, transparent et instantané, entre agents rationnels, la monnaie fournie une relation abstraite fondée sur des anticipations. On reconnaît une lecture de Keynes qui privilégie la formation des conventions entre les agents pour rendre possible activité et échanges économiques en régimes d'incertitude. Ce résultat a deux séries de conséquences majeures : premièrement, il fonde la possibilité de la politique économique en faisant de l'injection monétaire dans l'économie. Deuxièmement, l'analyse keynésienne nous permet non seulement de « déneutraliser » la monnaie, mais aussi de l'endogénéiser.

Pour Keynes, la monnaie est donc active, elle doit répondre aux besoins de l'économie réelle. Quand la demande d'investissement est élevée, et que l'épargne est insuffisante, la monnaie doit prendre le relais ; elle constitue une avance sur la production qui sera récupérée ex-post. En guise de règle de politique monétaire, Keynes préconise l'augmentation de l'offre de monnaie par la Banque Centrale, ce qui va faire baisser les taux d'intérêt. Les agents pourront alors emprunter plus facilement et ainsi encourager la consommation et l'investissement.

SECTION 2 : LES DEBATS MONETARISTES - KEYNESIENS

La crise des années 1970 présente des particularités inédites qui vont inciter à repenser le fonctionnement de l'économie alors que dans le schéma habituel des crises ; une baisse ou une stagnation de la production s'accompagne d'une hausse du chômage et d'une chute des prix, la récession cette fois, cumule l'augmentation du chômage et celle des prix. Ce phénomène appelé « Stagflation » résistant aux mesures d'inspiration keynésienne, permet aux thèses de Friedman de rencontrer un certain succès. La présente section présente tout d'abord l'opposition qui existe entre les monétaristes emmenés par Friedman et les néo-keynésiens au sujet de la neutralité de la monnaie avant de se terminer par les prolongements du débat initiés par la nouvelle école classique (NEC).

2-1- Friedman et les néo-keynésiens

Le mot monétarisme a été employé pour la première fois par Brunner en 1968 qui caractérise cette approche par trois grands traits : « premièrement, les impulsions monétaires sont déterminantes dans les variations de la production, de l'emploi et des prix. Deuxièmement, l'évolution de la masse monétaire est l'indice le plus sûr pour mesurer les impulsions monétaires. Troisièmement, les autorités monétaires peuvent contrôler l'évolution de la masse monétaire au cours des cycles économiques. »

Pendant la période inflationniste, en gros de 1968 à 1980-1982, la monnaie a fait parler d'elle sous une forme devenue familière aux économistes : sa quantité. Le débat monétariste faisait rage. Mais son support théorique et son enjeu étaient simples, voire simplistes. Il est supposé que les individus ont une demande de monnaie présentant les mêmes caractéristiques formelles que tout autre bien. Cette demande est déterminée en termes réels et c'est une fonction stable de la richesse des individus et du coût d'opportunité à détenir la monnaie. Arguant de la stabilité de cette fonction, on postule un canal direct de transmission de la monnaie à l'économie. Si la quantité réelle de monnaie disponible est supérieure à la demande désirée, la tentative des individus de dépenser l'excès d'offre de monnaie se répercute, en sens inverse, sur les autres marchés (de biens et de facteurs) par des déséquilibres d'excès de demande. L'ajustement des marchés corrige ces déséquilibres. Il y a hausse des prix de tous les biens, donc du niveau général des prix, c'est-à-dire baisse de la valeur de la monnaie jusqu'à ce que l'équilibre soit rétabli sur tous les marchés ; il l'est lorsque la hausse du niveau général des prix a complètement absorbé l'excès d'offre nominale de monnaie (Patinkin, 1972).

C'est en ce sens que la théorie quantitative de la monnaie affirme que l'inflation est un phénomène monétaire. La préconisation de politique monétaire en découle directement : il faut contraindre l'offre de monnaie à évoluer comme la demande réelle de monnaie désirée par l'ensemble des agents économiques pour garantir la stabilité des prix.

Toutefois, la réalisation de ce principe se heurte à des difficultés qui ont nourri le débat de politique monétaire. Si, en effet, les prix nominaux ont des rigidités ou si les prix d'équilibre ne sont pas correctement anticipés, l'ajustement des marchés entraîne des dynamiques complexes des quantités et des prix. C'est ainsi que l'ajustement s'avère coûteux si la masse monétaire augmente trop vite. Lorsque la Banque Centrale veut la ramener sur une tendance inférieure, il en résulte un choc récessif. Le retour de l'inflation vers un rythme plus bas provoque une hausse temporaire du chômage qui est d'autant plus longue et d'autant plus forte que les prix sont plus rigides ou que les anticipations sont plus inertes.

Tel était le savoir monétaire orthodoxe qui nourrissait la doctrine des Banques Centrales à la fin des années soixante-dix lorsque le président de la Réserve fédérale, Paul Volcker, entreprit de casser le processus inflationniste par une application stricte des préceptes monétaristes. Il y parvint au-delà de toutes les espérances. Mais les coûts exorbitants en termes de pertes de production et d'emploi dans le monde entier, le déclenchement de la crise de la dette souveraine des pays du tiers monde, les changements structurels induits dans la finance furent des conséquences sans commune mesure avec les ajustements bénins qui étaient prédits par les monétaristes.

La politique monétariste s'applique strictement au contrôle de la base monétaire, c'est-à-dire à la quantité de monnaie émise par la Banque Centrale. Cette attention exclusive portée à la quantité provoqua un accroissement ample et brutal du prix de la liquidité, c'est-à-dire du taux d'intérêt monétaire et, par répercussion, de l'ensemble des taux d'intérêt ; elle éleva aussi fortement la volatilité de tous les taux d'intérêt.

Combinée à la baisse précipitée du taux d'inflation, la hausse des taux d'intérêt nominaux provoqua une élévation dévastatrice des taux d'intérêt réels. Ainsi, la politique monétariste avait-elle perturbé gravement les marchés du crédit. Elle en avait aussi changé les conditions d'équilibre. On était passé d'un régime favorable aux débiteurs à un régime favorable aux créanciers. Cette influence de la monnaie sur le système financier a fait resurgir le débat théorique sur la nature de la monnaie évoqué dans l'introduction. Si la politique monétaire peut provoquer des transformations dans les structures financières, c'est que l'influence de la monnaie sur l'économie ne se limite pas à la transmission directe de la quantité de monnaie au niveau général des prix. De plus, au fur et à mesure que la déréglementation financière, les innovations et la globalisation se développaient, les Banques Centrales ont rencontré des problèmes pratiques liés à l'instabilité financière et à la diversité grandissante des canaux de transmission de la monnaie à l'économie. Une doctrine monétaire était à reconstruire. Depuis vingt ans, ce chantier est toujours en cours.

Si le crédit a cette ambivalence, génératrice à la fois de croissance et de déséquilibres, c'est que le financement des projets capitalistes n'est pas borné par l'épargne préalable. Le crédit est créateur de monnaie nouvelle qui rend les anticipations des investisseurs indépendantes des comportements d'épargne. Cela veut dire que la monnaie est endogène et provient de l'initiative privée. Les Banques Centrales ne peuvent donc pas en prédéterminer la quantité. Quel doit être l'aggiornamento de la politique monétaire lorsque la monnaie est pensée comme une dette, pas comme une marchandise dont l'offre est exogène ?

On peut considérer que la nature de la monnaie est un problème qui ne fait qu'un avec la conception que l'on se fait de l'économie de marché. Ainsi Schumpeter (1983) a t- il pu affirmer qu'il existe deux théories de la monnaie dignes de ce nom : la monnaie comme marchandise et la monnaie comme dette. Ces deux théories sont rigoureusement incompatibles.

D'une manière intuitive, la théorie de la monnaie comme marchandise particulière heurte l'expérience vécue. En effet, notre expérience nous enseigne que l'utilité de la monnaie pour chacun d'entre nous est notre confiance commune qu'elle sera acceptée par les autres. Bien loin d'être un objet marchand, la monnaie est un lien social de confiance qui exprime notre appartenance à l'économie de marché.

Nous aboutissons ainsi à une conception dans laquelle la monnaie est le principe d'organisation de toute l'économie. La Banque Centrale en est le pivot. La monnaie qu'elle émet à son passif est la dette dans laquelle l'unité de compte est définie. Mais cette dette est en même temps la liquidité ultime, parce qu'elle est unanimement acceptée en tant que moyen de règlement de toutes les autres dettes. Cependant cette acceptation résulte de la confiance commune dans la cohérence du système institutionnel ainsi décrit. Cette cohérence ne va pas de soi. Une trop grande abondance de liquidité peut faciliter le renouvellement de dettes douteuses dont la solvabilité peut être suspectée. Le régime de la politique monétaire est alors accusé par les créanciers de trop favoriser les débiteurs. À l'opposé une trop grande rareté de la monnaie centrale rend les règlements difficiles ou excessivement coûteux. Cette contrainte monétaire trop forte rend les emprunteurs prudents et ralentit le flux des transactions. Les rendements des créances sont hauts, mais l'activité économique est déprimée. Maintenir la pérennité de la confiance entre les écueils qui résultent des attentes contradictoires à l'égard de la liquidité est la responsabilité de la Banque Centrale. La conduite de la Banque Centrale ne peut être improvisée ; elle s'inspire d'une doctrine monétaire.

Il revient alors à la politique monétaire de fixer le point focal sur lequel les agents coordonnent implicitement leurs anticipations lorsqu'ils établissent leurs plans d'action. Il s'agit de leur donner un cadre qui permette d'éliminer tous les équilibres en dehors d'une plage étroite. Ce cadre se recommande d'une doctrine monétaire renouvelée : le *ciblage flexible de l'inflation* [Bernanke et Mishkin, 1997]. Il consiste à placer les actions discrétionnaires de la politique monétaire de court terme sous la contrainte d'une règle d'action à moyen terme assurant la stabilité des prix. Cette stabilité est définie comme une plage de viabilité des taux d'inflation futurs à l'intérieur de laquelle les actions de la Banque Centrale, quel que soit l'objectif qui les motive, bénéficient de la confiance des agents. Car, comme on l'a dit plus haut et comme le paragraphe suivant va l'illustrer, la stabilité des prix n'est pas le seul souci de la politique monétaire ; la robustesse de la structure des dettes, l'amortissement des fluctuations cycliques pour préserver la régularité de la croissance et le niveau de l'emploi en sont d'autres.

Le débat avec les néo-keynésiens et les post-keynésiens n'est pas pour autant clos car le monétarisme n'est pas exempt de critiques et, à l'évidence, il n'a pas permis de sortir les pays capitalistes de la crise des années 1970.

Alors que pour les nouveaux classiques, « les cycles s'expliquent par des chocs monétaires ou réels imprévisibles », pour la *nouvelle économie keynésienne*, les récessions sont provoquées par une ou plusieurs grandes défaillances du marché. Ainsi, pour la nouvelle économie keynésienne à la différence de la nouvelle économie classique, certaines interventions économiques du gouvernement sont-elles justifiées. A l'inverse des nouveaux classiques mais comme les monétaristes , ils pensent qu'une politique monétaire peut influer à court terme sur l'emploi et à la production.

Par ailleurs, nombre de post-keynésiens soutiennent que la monnaie est essentiellement endogène. La monnaie serait créée par les banques en vue de satisfaire les besoins de l'économie ; sa quantité ne saurait être fixée par la Banque Centrale, quoique son intervention ne soit pas dénuée d'influence sur les comportements des agents. C'est le taux directeur de cette dernière qui serait essentiellement exogène. « Les banques créent des crédits et des dépôts, et elles se procurent ensuite les billets de banque émis par la Banque Centrale et demandés par leurs clients, ainsi que les réserves obligatoires qui sont requises par la loi.». De fait, les post-keynésiens voient dans l'échec des politiques monétaristes menées dans les années 1980 notamment par Paul Volcker, président de la FED, une illustration de la justesse de leurs vues. Ce point est naturellement controversé, tant les néoclassiques pensent être sortis du cadre de la théorie quantitative de la monnaie en menant des stratégies de ciblage d'inflation et de crédibilité.

Les post-keynésiens reprennent pour ainsi dire ce qu'il y a de plus radical chez Keynes à savoir l'incertitude radicale, l'analyse circuitiste, l'endogénéité de la monnaie. Il est possible de distinguer plusieurs écoles dites post-keynésiennes même si la classification est plus ou moins changeante.

2-2- L'apport de la nouvelle école classique (NEC)

Les clivages entre Friedman et les économistes de la nouvelle école classique portent essentiellement sur la modélisation des anticipations : anticipations adaptives pour le premier ; rationnelles pour les seconds. En conséquence, si Friedman admet que les politiques d'expansion monétaire peuvent avoir un effet transitoire sur l'activité économique et l'emploi, les économistes de la NEC considèrent de manière plus radicale que les effets inflationnistes d'une politique monétaire expansive sont immédiatement anticipés par les agents et sont sans effet même à court terme (courbe de Phillips verticale à court terme).

Les différences entre Friedman et Hayeck sont plus importantes. Elles portent sur deux points essentiels : l'analyse du rôle de la monnaie et les recommandations en matière de politique économique. Friedman adhère globalement à la vision dichotomique (sphère monétaire/sphère réelle) de la TQM : la création monétaire est considérée comme neutre dans le long terme. Inversement, Hayeck soutient que la création de monnaie peut avoir des effets durables sur l'activité économique : elle entraîne une distorsion des prix relatifs et induit une allocation sous-optimale des ressources qui aura des effets irréversibles. Si les deux auteurs sont favorables à la politique monétaire neutre, ils s'opposent quant aux moyens à mettre en œuvre pour atteindre cet objectif. Friedman recommande une progression stable de la masse monétaire (règle du K%) en relation avec l'évolution de la croissance économique réelle. Hayeck propose quant à lui de supprimer le monopole de la Banque Centrale et de soumettre la création monétaire de monnaie aux lois du marché (concurrence entre monnaies privées). On peut aussi noté que Friedman s'est prononcé pour système de change flexible, alors que Hayeck est plutôt favorable à un système de change fixe.

Si la NEC (Lucas, Barro, Sargent, Wallace) reprend à son compte les hypothèses monétaristes, (prix flexibles, économie à équilibre, chômage naturel, neutralité de la monnaie), elle n'en constitue pas moins une radicalisation des thèses développées par Friedman. En effet, la NEC a pour ambition de montrer que la monnaie est neutre même à court terme renouant ainsi avec la vision dichotomique stricte des auteurs classiques ; les politiques économiques conjoncturelles restent sans effet sur l'activité réelle dès lors qu'elles sont anticipées par les agents ; les fluctuations cycliques sont la réponse optimale de l'économie à des chocs exogènes, ceci ôte toute légitimité à l'intervention étatique. Telle est en particulier la thèse développée par l'école des cycles réels (De Long, Plosser, Kydland, Prescott) ; ces auteurs aboutissent à une conclusion très originale mais bien peu réaliste quant à l'évolution de l'emploi : les fluctuations du taux de chômage sont la réponse optimale des salariés à un choc exogène.

Le modèle de Barro (1983) illustre précisément les effets d'une politique monétaire discrétionnaire. Il est supposé que les ménages déterminent le niveau du salaire nominal avant que la Banque Centrale ne fixe son offre de monnaie ; le problème qui se pose alors aux ménages est d'anticiper la décision de la Banque Centrale, puisque celle-ci va déterminer le salaire réel. Une erreur d'anticipation entraînerait soit du chômage (si le salaire réel est trop élevé) soit une perte de pouvoir d'achat (si le salaire réel s'avère trop faible). La Banque Centrale souhaite une inflation aussi faible que possible mais supérieure à celle anticipée par les agents privés, ce qui permet de stimuler temporairement l'activité. Partant de ces hypothèses, Barro et Gordon montrent qu'en absence d'accord crédible sur une inflation nulle, le jeu des anticipations conduit à un biais inflationniste. Si l'Etat fait de « l'inflation surprise », alors les agents s'attendent à la déflation. Une telle politique discrétionnaire permet certes de faire baisser le chômage à court terme, mais génère une perte de crédibilité à long terme : les agents ayant été trompés une fois anticiperont à l'avenir une forte inflation. Les politiques discrétionnaires se heurtent à ce que les nouveaux classiques dénomment « l'incohérence temporelle des politiques optimales» : une politique qui est optimale en t1 (faire de l'inflation surprise) ne l'est plus aux périodes suivantes compte tenu des anticipations rationnelles des agents.

Les politiques discrétionnaires étant prise en défaut, pour les nouveaux classiques, les gouvernements doivent asseoir leur politique économique sur des règles et renoncer à toute velléité de relance. Deux types de règles sont généralement distingués : en premier lieu les règles de comportement, il s'agit d'acquérir auprès des agents une « bonne réputation » par exemple en matière de lutte contre l'inflation. Pour ce faire, le gouvernement peut importer la crédibilité en s'arrimant à une zone de changes fixes menée par une monnaie forte ; le gouvernement peut aussi crédibiliser son comportement en fondant sa réputation sur une personnalité conservatrice, Rogoff (1985) estime ainsi qu'il faut nommer à la tête de la Banque Centrale un conservateur ayant une préférence pour l'inflation inférieure à la moyenne nationale. En deuxième lieu, on distingue les règles de droit : pour rendre crédible son action, le gouvernement doit se « lier les mains » juridiquement, il s'agit de rendre indépendantes les Banques Centrales du pouvoir politique, afin d'éviter notamment le financement monétaire du déficit budgétaire.

Conclusion du chapitre I

Le chapitre qui s'achève nous a permis de retracer l'évolution théorique du débat sur l'inexistence d'un effet de la monnaie sur l'activité économique, il nous permet de faire ressortir par le biais de cette controverse tout l'enjeu que représente cette question pour la politique monétaire de la zone CEMAC à l'heure où elle est en proie à de profondes mutations. Tout d'abord dichotomique, l'analyse théorique s'est progressivement orientée vers une analyse intégrée de la monnaie. Le pas décisif fut l'analyse keynésienne de 1936. Les critiques portées à cette dernière et les améliorations apportées à d'autres théories achèveront la construction théorique de l'analyse des effets de la monnaie sur l'activité économique. De nos jours, les autorités monétaires sont au centre de nombreuses préoccupations concernant notamment le soutient de politique monétaire à l'activité et à l'emploi. Les réponses auxdites préoccupations passent inéluctablement par la maîtrise des fondements théoriques de chaque doctrine. Les pays de la CEMAC sont donc interpellés par ce grand débat autour de la monnaie dans la conduite de leur politique monétaire, d'où l'importance de tirer des enseignements à la lumière de l'expérience de cette sous-région.

CHAPITRE II : MONNAIE ET CROISSANCE : LES ENSEIGNEMENTS A PARTIR DE L'EXPERIENCE DES PAYS DE LA CEMAC

Introduction

Les variations de la production de richesses sont des conséquences de modifications diverses intervenues dans la sphère réelle, tandis que les variations des prix et de la quantité de monnaie en circulation sont un phénomène purement monétaire. La croissance économique est alors appréhendée par la croissance du capital productif et, partant, par la croissance de la production, tandis que l'inflation est saisie dans les variations des prix, changements qui sont expliqués par la variation de la masse monétaire ou de la vitesse de circulation de la monnaie. Pourtant une évolution progressive aboutira à une analyse intégrée fondée sur une critique de la dichotomie qui caractérise les premières théories. Par la suite il s'agit des améliorations des écrits des précurseurs. Ce chapitre se propose d'analyser d'une part l'impact de la politique monétaire axée sur le rôle joué par les agrégats de monnaie à la réalisation de tout objectif de croissance économique.

A cet effet, la première section du chapitre étudie la relation entre monnaie et croissance économique, tandis que la deuxième effectue une vérification empirique de la neutralité de la monnaie dans les pays de la zone CEMAC.

SECTION 1 : MONNAIE ET CROISSANCE EN ZONE CEMAC

Nous avons montré précédemment qu'il existe une vive controverse dans la communauté des économistes autour des effets de la monnaie sur l'activité. Il est question dans la présente section d'analyser les fondements théoriques et la dynamique de la politique monétaire des pays de la CEMAC qui est définie et mise en œuvre par la Banque des Etats de l'Afrique Centrale (BEAC) puis nous d'étudierons l'évolution de la monnaie en relation avec l'activité économique dans la sous-région.

1 – 1 La politique monétaire de la BEAC de 1972 à nos jours

Six pays d'Afrique Centrale (Cameroun, RCA[7], Congo, Gabon, Guinée-équatoriale [8]et Tchad) forment, dans le cadre de la Zone Franc, une union monétaire. Le privilège de l'émission de la monnaie commune, le Franc CFA (Franc de la Coopération Financière en Afrique Centrale), est confié à la BEAC, établissement public multinational africain régi par les conventions de coopération monétaire des 22 et 23 Novembre 1972. Le régime des changes des pays de la CEMAC repose sur deux principes de base : **une parité fixe entre le Franc CFA et** le Franc français et maintenant **l'Euro** (depuis le 1er Janvier 1999) ; **une convertibilité du Franc CFA garantie par la France**, assortie d'une liberté totale des opérations de change entre les pays de la Zone franc.

Depuis la création de la BEAC, la politique monétaire a connu une évolution en deux phases. La première phase va de 1973 à 1990, année au cours de laquelle sont initiées les réformes qui marquent le début de la deuxième phase.

a) La politique monétaire de la BEAC de 1973 à 1990

---

[7] République Centrafricaine.
[8] La Guinée-équatoriale rejoint la BEAC en 1985.

Durant cette période, l'objectif final de la politique monétaire n'était pas explicitement énoncé dans les statuts de la BEAC. En effet, les statuts de la BEAC de 1972 ne définissent pas clairement l'objectif de la politique monétaire. Mais la pratique de la conduite de la politique monétaire de cette période semble indiquer que celle-ci visait à la fois la promotion de la croissance économique, le plein emploi et la préservation de la parité fixe du Franc CFA.

Les instruments utilisés par la BEAC entre 1973 et 1990 peuvent être regroupés en trois catégories selon qu'ils consistent à agir sur les taux d'intérêt, qu'ils affectent directement le volume global du crédit ou qu'ils tendent à l'orienter vers les opérations économiques et les secteurs jugés prioritaires par les pouvoirs publics. Il s'agit notamment de l'administration des taux d'intérêt ; la fixation des plafonds globaux de réescompte et de la sélectivité du crédit.

La **politique des taux d'intérêt** visait en général deux objectifs à savoir, agir indirectement sur le volume global du crédit d'une part et sur les mouvements de capitaux avec l'extérieur d'autre part grâce aux différents taux d'escompte. Par le contrôle quantitatif du crédit, les autorités monétaires de la BEAC visaient à contenir la masse monétaire dans les limites compatibles avec le développement économique des Etats membres. Deux facteurs dominent la politique du taux d'escompte de la BEAC à savoir : l'environnement extérieur (situation des taux dans le reste du monde) ; et la situation interne de distribution du crédit. Le caractère évolutif de ces facteurs condamne tout immobilisme du taux d'escompte.

La modification des taux d'escompte a été longtemps considérée comme le principal instrument d'action dans le domaine monétaire, mais l'expérience a conduit à tempérer cette conviction, il peut être fait recours à d'autres procédés de contrôle pour parvenir à une régulation quantitative de la distribution du crédit. C'est le cas notamment, dans le cadre du contrôle par le réescompte, de la fixation des limites absolues aux concours de la Banque Centrale ou plafonds de réescompte.

La **fixation des plafonds globaux de réescompte** aux banques permet de mieux contrôler la progression des crédits. C'est une technique de dissuasion particulièrement efficace, elle a pour objet principal de doser quantitativement le volume des crédits distribués et permet en outre de prendre en considération, au moment où elle est décidée, le critère de l'utilité économique des opérations appelées à bénéficier des crédits.

Le contrôle quantitatif, quelqu'efficace qu'il puisse être, ne permet pas de résoudre tous les problèmes qui peuvent se poser à l'occasion de la distribution du crédit, il doit être complété par un contrôle qualitatif des crédits distribués. Ce contrôle qualitatif a pour objet de favoriser une orientation du crédit, en fonction de l'intérêt que présente les diverses catégories d'opérations économiques au regard du développement.

La sélectivité des taux est la pratique par l'Institut d'Emission de taux discriminatoires. La BEAC procédait à une orientation dans le cadre de ses interventions de réescompte en pratiquant des taux plus ou moins avantageux selon la nature des opérations auxquelles elle apportait son appui. .

D'autres mesures de contrôle qualitatif du crédit étaient mise œuvre par la BEAC à savoir la **sélectivité des plafonds de réescompte**[9]**, la sélectivité par le choix des accords de mobilisation**[10] et le **cœfficient d'emploi des dépôts en crédit non réescomptables**[11].

La crise du milieu des années 1980 a révélé la fragilité de la politique monétaire et l'inefficacité de celle-ci. L'entrée dans la crise s'est traduite par l'apparition d'importants déficits publics pour se situer en moyenne à environ 15% du PIB (Bekolo-Ebe, 2001), des déficits de la balance des opérations courantes, l'effondrement du système bancaire et des tensions inflationnistes. En 1988 par exemple, le déficit de la balance des opérations courantes était chiffré (en millions de Franc CFA) à 85776 au Cameroun, 10664 en RCA, 132702 au Congo, 183345 au Gabon et 5908 en Guinée-équatoriale.[12] En ce qui concerne le système bancaire de la sous-région, il était composé au début des années 1980 d'une quarantaine de banques commerciales. La crise a entraîné la liquidation de quatorze banques, le reste a été soit privatisé soit restructuré. Quant aux tensions inflationnistes, elles sont apparues dans

---

[9] La Banque Centrale pratiquait la sélectivité des plafonds selon l'utilité économique des demandes de crédit qui lui sont présentées. Une distinction était faite entre le plafond des opérations courantes et le plafond des opérations indexées. Si le premier était fixé de manière absolue, le second, destiné à couvrir les besoins de financement des campagnes agricoles que les pouvoirs publics privilégiaient, était en revanche variable en fonction du volume de la production et du prix d'achat au planteur.

[10] Pou être mobilisable auprès de la BEAC, les opérations de crédit devaient avoir obtenu un accord préalable de réescompte. Par ce biais, la Banque Centrale opère une sélection des demandes de crédit en fonction de la situation financière de l'entreprise, de son secteur d'activité, cherchant particulièrement à favoriser la clientèle nationale.

[11] Le but est d'orienter les ressources bancaires vers les opérations économiques et les secteurs prioritaires.

[12] Les statistiques sont issues des bulletins d'études et statistiques de la BEAC.

certains pays notamment au Cameroun où l'inflation se situait à 13,15% en 1987, au Gabon et en RCA avec une inflation respectivement de 7,36% et 10,4% en 1985 (Mondjeli, 2008).

La politique monétaire n'a pas été efficace au sens de Bakkus et Driffil (1985)[13]. Elle n'a pas eu les effets escomptés ou du moins a commencé à présenter des signes de faiblesse en particulier sur l'objectif final de développement économique. En effet, le taux de croissance du PIB/tête se situe sur la période 1985-1989 autour de -0,98% dans la sous-région avec des taux respectivement de -2,23 ; -2,7 ; -3,56 ; -1,09 et -1,86% respectivement au Cameroun, Gabon, Congo, RCA, et en Guinée-équatoriale (Mondjeli, 2008). La politique des taux d'intérêt, pratiquement administrés, s'est révélée peu souple par rapport aux fluctuations incessantes du marché intérieur de la liquidité et des marchés monétaires et financiers extérieurs auxquels les économies de la Zone se sont connectées. La politique sélective du crédit n'a pas eu les effets escomptés ; elle a plutôt introduit des distorsions au niveau de l'allocation des ressources (Mondjeli, 2008).

Au niveau théorique, la politique monétaire de la BEAC entre 1973 et 1990 repose sur les postulats de la **répression financière**[14]. Selon la théorie de la répression financière, les économies doivent encourager une politique des taux d'intérêt administrés et de faible coût de la liquidité pour favoriser certains investissements entraînant un processus de croissance économique. Cette thèse a été vivement critiquée par Mckinnon (1973) et Shaw (1973). L'idée de ces auteurs est que la politique de répression financière crée des distorsions dans l'allocation des ressources favorisant des secteurs peu rentables à l'instar du secteur public ; ce qui a favorisé l'apparition d'importants déficits internes et externes.

S'agissant de **l'aspect pratique**, Bekolo-Ebe (2001) fait quatre constats ayant caractérisé le fonctionnement de la politique monétaire à cette période.

Le premier est ce que l'auteur appelle le *statisme de la politique monétaire*. Celle-ci a toujours eu pour objectif de développer une économie de production de cultures de rente ou d'exploitation minière et de favoriser les importations de produits manufacturés. Le second fait référence au contrôle de l'activité des banques et des établissements de crédit dont les mécanismes s'avèrent inefficaces, caractérisés par un manque d'indicateurs permettant d'évaluer la santé des banques. Le troisième constat concerne le poids important de l 'Etat dans les ressources des banques commerciales dont la conséquence a été de graves difficultés de trésorerie enregistrées par ces banques au fur et à mesure que les tensions de liquidité se

---

[13] Bakkus et Driffil (1985) définissent une politique monétaire efficace comme celle qui produit l'effet attendu et dans ce cadre, l'effet attendu est l'objectif final.
[14] Pour un exposé sur la théorie de la répression financière lire Guillaumont (1998).

faisaient ressentir au niveau des finances publiques. Le quatrième constat enfin est relatif à la structure des créances de l'économie par des activités d'intermédiation et de spéculation au détriment des activités de production.

L'ensemble de ces contraintes ne pouvait mener qu'à la crise et amplifier les conséquences de celle-ci. La réforme de la politique monétaire de la BEAC était donc impérative au regard du contexte de l'heure.

b) La politique monétaire de la BEAC depuis 1990

Dès 1990, les autorités monétaires de la BEAC ont entrepris des réformes significatives qui consistent à l'abandon des mécanismes rigides au profit des méthodes de régulation plus souples, proche du marché. Ces réformes concernent la politique des taux d'intérêt, la mise en place d'un nouveau dispositif prudentiel avec le fonctionnement effectif de la COBAC[15] et l'instauration du marché monétaire et de la programmation monétaire.

La politique rénovée des taux d'intérêt passe par la suppression des taux privilégiés et bonifiés et le relèvement progressif du taux des avances aux Trésors. Cette politique introduit également une grande flexibilité dans le maniement des taux d'intérêt qui sont fixés en fonction de la conjoncture internationale et de la situation économique et financière des Etats. Elle permet enfin la libéralisation des conditions de banques avec un élargissement des marges bancaires qui favorise une régulation par le marché et non plus par une détermination administrative des taux. Le principe de base est celui de la négociation entre banques et clients ; seuls deux taux sont fixés à savoir le taux débiteur maximum et le taux créditeur minimum.

La BEAC utilise quatre taux directeurs fixés par le Gouverneur par délégation du conseil d'administration. Ces taux sont : le taux d'intérêt sur les appels d'offres « positifs » (TIAO) [16]; le taux d'intérêt sur les placements des banques (TIPS) [17]; le taux d'intérêt des prises de pension (TIPP) [18]et le taux de pénalité aux banques (TP)[19].

---

[15] Commission Bancaire d'Afrique Centrale, organe chargé de la supervision et de la surveillance de l'activité bancaire dans la sous-région CEMAC.

[16] LE TIAO est un taux de refinancement accordé aux banques qui y soumissionnent, fixé dans le cadre des appels d'offres « à la française » en tenant compte de la conjoncture interne et externe. Il constitue le principal taux directeur de la BEAC. En général, le coût de la monnaie centrale mise à la disposition du système bancaire tient compte des taux pratiqués sur le compartiment interbancaire du marché monétaire.

La mise en place du **marché monétaire** a été effective à partir du 1er Juillet 1994. Un des objectifs visés par la création d'un marché monétaire est de modifier les conditions de refinancement. Le marché monétaire est organisé à deux niveaux à savoir, le marché interbancaire, compartiment sur lequel les établissements de crédit échangent leurs excédents de liquidité et le compartiment des interventions de la Banque Centrale où celle-ci est amenée à intervenir pour refinancer le système bancaire.

La BEAC utilise depuis l'instauration du marché monétaire, les instruments directs pour ses interventions. Elle dispose de trois types d'instruments à savoir, les plafonds de refinancements des banques, les taux d'intérêt et les réserves obligatoires.

Le but de la **programmation monétaire** est de faire des prévisions sur un an des agrégats monétaires et de déterminer le montant maximum des concours de la BEAC. Sa démarche est macroéconomique et prend implicitement en compte l'évolution de l'activité économique, l'objectif des avoirs extérieurs et la situation des finances publiques. Il s'agit concrètement d'arrêter des objectifs de croissance des agrégats de monnaie et de refinancement compatibles avec l'objectif final de la politique monétaire. Ainsi une relation est établie entre politique monétaire, politique budgétaire, perspectives de croissance et contrainte extérieur. Entrée en vigueur au Cameroun le 1er Septembre 1991 et le 1er Janvier 1992 dans les autres pays de la sous-région.

L'objectif final de **stabilité de la monnaie** [20]est clairement énoncé dans les statuts de la BEAC (2007) à l'article 1er. Il est également défini par l'article 21 de la convention régissant l'UMAC.

D'un point de vue théorique, la BEAC après la réforme de 1990, a adopté deux principes essentiels que l'on peut attribuer à la **théorie monétariste**. Le premier consiste à faire de la stabilité des prix le but ultime de la politique monétaire. Ce principe découle du fait que la **stabilité des prix est reconnue comme condition nécessaire pour garantir une évolution**

---

[17] Le TIPS est appliqué dans le cadre des appels d'offre négatifs en prenant en compte l'évolution des facteurs tant internes qu'externes de manière à limiter la sortie des capitaux sans pour autant créer la déprime au niveau des transactions interbancaires. Il a été instauré en janvier 1996 et varie selon les échéances (7,28 et 84 jours).

[18] Le TIPP est égal au taux des appels d'offres majoré de 1,5 à 3 points.

[19] Le taux de pénalité est supporté par les établissements de crédit en cas de manquements graves à la réglementation bancaire, aux règles de distribution du crédit, et à titre exceptionnel en cas de découvert en l'absence de papier éligible. Ce taux est égal à deux fois le TIAO.

[20] La stabilité monétaire comprend d'une part la stabilité interne qui correspond à un taux d'inflation faible et d'autre part la stabilité externe qui renvoie à un taux de couverture de la monnaie suffisant (le seuil minimal est de 20% d'après la BEAC).

durable d'une économie le long de son sentier de croissance potentiel. Le deuxième consiste à accepter le postulat selon lequel l'inflation est phénomène essentiellement monétaire. Il découle de la TQM qui met en exergue le rôle causal de la monnaie dans le processus inflationniste de long terme lorsque la vitesse de circulation des agrégats de monnaie est stable. Au sein de l'école monétariste, ces principes eurent comme implication la plus notable la recommandation formelle faite par Friedman (1960) à la FED[21] d'utiliser une règle passive de politique monétaire sous forme d'un objectif de croissance de la monnaie centrale de 4% par an (soit au même rythme que le produit réel global).

Au niveau des performances empiriques, la BEAC connaît une relative stabilité des prix. Depuis près d'une décennie, le taux d'inflation de la BEAC oscille entre 0,5% et 6%. Cette relative stabilité de la BEAC cache quelques périodes de tensions inflationnistes enregistrées par les pays membres. En dehors de la forte pression inflationniste des années 1994 et 1995 due en partie à la dévaluation du Franc CFA, certains pays au cours de la période connaissent des taux d'inflation à deux chiffres c'est le cas du Tchad en 2001 avec une inflation de 12,4% et du Congo en 1997 qui enregistre un taux de 16,6%. La Guinée-équatoriale fait égale ment face à une inflation élevée avec 8,8% ; 7,6% ; et 7,3% respectivement en 2001 ; 2002 et 2003[22]. Il convient de noter que ces pays ont souvent connu des taux d'inflation négatifs et que ces taux d'inflation élevés sont en partie la conséquence du boom pétrolier observable dans la plupart des pays de la sous-région (Mondjeli, 2008).

c) La problématique de l'ancrage du franc CFA au franc Français puis à l'Euro

La question de l'arrimage du Franc CFA au Franc Français puis à l'Euro a suscité et suscite encore un grand nombre de débats. Même si la réponse officielle à cette question reste rassurante aussi bien pour les autorités africaines que pour la France, cet aspect important de la politique monétaire des pays de la zone Franc en général et de BEAC en particulier ne saurait être éludé. Ainsi, si pour les uns, l'arrimage monétaire a permis à ces pays Africains d'avoir une monnaie exceptionnellement stable en jugulant la tentation de la « planche à

---

[21] Federal Reserve Bank

[22] Statistiques tirées des rapports annuels de la BEAC.

billet ». Pour les autres, cette dépendance monétaire [23] prive ces pays du libre usage d'un des instruments les plus importants de toute politique économique à savoir, la politique monétaire.

En droit interne, comme en droit international, le pouvoir de battre monnaie est une prérogative attachée à la souveraineté de l'Etat. Depuis les temps les plus reculés, l'Etat considère comme son droit exclusif la frappe de la monnaie. Cela signifie que l'Etat reste souverain dans le choix de son unité monétaire dont il peut librement fixer et modifier la valeur on fonction des objectifs poursuivis. Cependant certains Etats peuvent choisir de renoncer à tout ou partie de leur souveraineté monétaire au profit d'une entité supranationale. Le mécanisme mis en œuvre au sein de la zone franc en donne une excellente illustration. Il faut rappeler que ce cadre de coopération monétaire entre la France et certains pays africains repose sur quatre principes à savoir : la fixité des parités, la liberté des transferts à l'intérieur de la zone, la convertibilité garantie par le trésor français, et enfin la centralisation des réserves de change.

En effet, en contrepartie de la convertibilité illimitée garantie par la France, les Banques Centrales africaines sont tenues de déposer au moins 65 % de leurs réserves de change (à l'exception des sommes nécessaires à leur trésorerie courante et de celles relatives à leurs transactions avec le Fonds monétaire international) auprès du Trésor français, sur le compte d'opérations ouvert au nom de chacune d'elles. Les Etats africains de la zone peuvent ainsi acquérir de l'Euro quelle que soit la situation de leur balance des paiements (cette faculté revêt néanmoins dans l'esprit des accords un caractère exceptionnel).

Pour les partisans de l'indépendance monétaire des pays africains, Les planches à billets étant sous contrôle de la Banque de France, aucun pays n'est en mesure de créer de la monnaie selon ses besoins, ce qui peut ralentir l'économie ou au contraire favoriser une inflation relativement basse, à comparer avec les taux nettement supérieurs de leurs proches voisins. La maîtrise de la création monétaire ayant pour corollaire l'obligation de maîtriser la dépense publique. Le Trésor français consent des avances mais, en aucun cas, elles ne peuvent dépasser 20 % des recettes budgétaires de l'exercice précédent. De plus, l'Euro s'avérant une devise extrêmement forte, les pays de la zone franc CFA souffrent de leur monnaie trop surévaluée ce qui pénalise leurs exportations.

---

[23] Aucune décision importante de politique monétaire ne peut être prise à la BEAC sans l'accord de la France (Cf. Statuts de la BEAC).

Il apparaît donc qu'une intervention et une décision communautaires sont indispensables, au moins dans un cas: l'hypothèse d'élargissement de la zone franc à d'autres pays africains et la suppression de la garantie de convertibilité des francs CFA et comoriens, selon une parité fixe. D'un point de vue africain, et conformément à l'objectif d'intégration du continent, ce scénario semble s'inscrire dans un prolongement de l'intégration africaine.

1 – 2- Evolution de la masse monétaire et de la croissance économique en zone CEMAC

En général, les agrégats représentent des grandeurs synthétiques obtenues par divers postes de la comptabilité nationale. En particulier, les agrégats monétaires sont des grandeurs globales qui essayent de déterminer les différents avoirs monétaires des agents non financiers en l'occurrence leur capacité potentielle de dépense.

Ils permettent ainsi de mesurer la quantité de monnaie dans le but d'en contrôler l'évolution.

La masse monétaire d'un pays ou d'une zone économique est l'ensemble des valeurs susceptibles d'être converties en liquidités, c'est l'agrégat de la monnaie fiduciaire, des dépôts bancaires et des titres de créances négociables, tous susceptibles d'être immédiatement utilisables comme moyen de paiement. Elle est suivie par les Banques Centrales et publiée, offrant aux acteurs économiques une précieuse indication sur la possible évolution des prix selon la théorie quantitative de la monnaie.

Mesurer les agrégats monétaires et les contrôler permet de contrôler également la quantité de monnaie en circulation dans une économie. On peut donc mesurer les agrégats monétaires par des sigles biens déterminés à l'exemple de M1, M2, M3, M4, L, P1, P2, P3…etc

Il est commode en général d'utiliser les statistiques monétaires officielles données sous forme d'agrégats monétaires, dès lors, dans le cadre de la présente étude, nous nous limiterons aux agrégats M1 à M2.

Il convient d'expliciter ce que représentent ces sigles :

   - M1 représente les disponibilités monétaires et correspond aux billets, pièces et dépôts à vue. C'est la monnaie sous sa forme élémentaire.

- M2 représente les disponibilités quasi monétaires. Ce sont des actifs non monétaires mais facilement et rapidement transformable en monnaie sans perte appréciable de capital.

M2 se compose de M1 + les dépôts à termes inférieurs ou égaux à deux ans et les dépôts assortis d'un préavis de remboursement inférieur ou égal à trois mois.

- M3 représente les liquidités de l'économie, il se compose de M2 + les instruments négociables sur le marché monétaire émis par les institutions financières monétaires (IFM), et qui représentent des avoirs dont le degré de liquidité est élevé avec peu de risque de perte de capital en cas de liquidation.
- M4 correspond à M3 plus les Bons du Trésor, les billets de trésorerie et les bons à moyen terme émis par les sociétés non financières.

Aujourd'hui, l'agrégat le plus retenu comme cibles par les autorités monétaires est l'agrégat M2. Une illustration de cet état de chose est l'exemple de la Réserve fédérale des Etats-Unis qui a cessé la publication de l'agrégat monétaire M3, le 23 mars 2006 pour retenir en priorité l'agrégat monétaire M2, c'est également l'agrégat retenu par la BEAC pour suivre l'évolution de la quantité de monnaie en circulation.

Les Banques Centrales peuvent faire par mesure réglementaire varier la masse monétaire : en autorisant les banques à prêter une proportion plus ou moins grande des fonds qu'elles ont en dépôt, il est possible par exemple de faire varier la quantité de liquidités en circulation. Un outil plus courant est de faire varier son taux directeur qui a une incidence sur le taux des prêts (et de l'épargne) bancaires.

Les monétaristes considèrent que le niveau de la masse monétaire est important parce qu'il a un impact direct sur l'inflation selon l'équation :

$$MV = PQ$$

Où M représente la masse monétaire, V la « vélocité de la monnaie », le nombre de fois qu'une unité monétaire change de main chaque année, P le prix moyen des produits vendus chaque année et Q la quantité moyenne vendue chaque année.

En d'autres termes, si la masse monétaire augmente plus vite que la croissance du produit national brut, il est selon eux plus que probable que l'inflation va suivre.

Graphique 1: Evolution du PIB et de la masse monétaire au sens M2

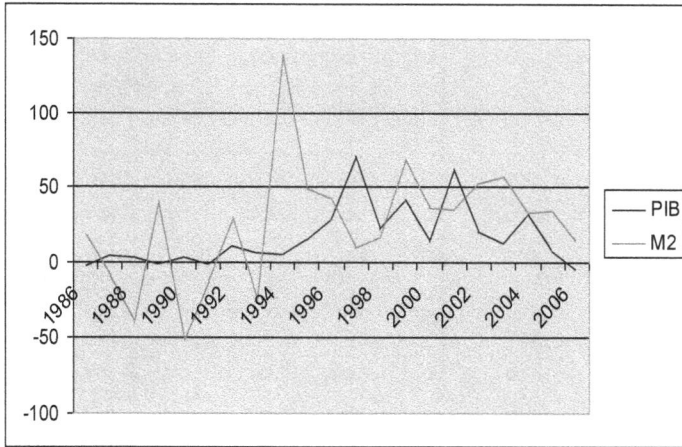

Source: Construit par l'auteur à partir des données de la Banque Mondiale

Tableau 1: L'évolution par pays des taux de croissance de M2 et du PIB entre 1986et 2006

Pays	Période 1986-2006	Commentaires sur les évolutions respectives du taux d'inflation (IPC) et du taux de croissance (PIB)
Cameroun	PIB max 5,1% (1997) PIB min 3,3% (1995) M2 max 26% (1995) M2 min -16% (2000)	Le PIB minimal et la quantité de monnaie (m2) maximale interviennent la même année. Le taux de croissance de la monnaie présente une tendance à la décroissance au rythme de 1% par an. Le PIB maximal cohabite avec un accroissement monétaire positif.
RCA	PIB max 7,5% (1997) PIB min -8,1% (1996) M2 max 78,2% (1995) M2 min -6,2% (1998)	Le taux de croissance est faible mais positif. Il tend à décroître. Le taux de croissance de la monnaie présente une tendance à la décroissance. Le PIB maximal cohabite avec un taux de croissance de la monnaie de 5,6%.
Congo	PIB max 8,2% (2000) PIB min -3% (1999) M2 max 58,52% (1997) M2 min -11,2% (2000)	Le PIB maximal et l'offre de monnaie minimale interviennent la même année. Le taux de croissance est faible avec une tendance à la décroissance. Le PIB maximal cohabite avec un taux de croissance de la monnaie de -11,2%.
Gabon	PIB max 5,7% (1997) PIB min -8,9% (1999) M2 max 10% (1995) M2 min -0,7% (1999)	Le PIB minimum est atteint la même année que l'offre de monnaie minimale. Le taux de croissance est faible avec une tendance à la baisse. L'offre de monnaie est faible et décroissante. Le PIB maximal cohabite avec une offre de monnaie de 4,1%.
Guinée Equatoriale	PIB max 151,4% (1997) PIB min 14,1% (1995) M2 max 139,2% (1995) M2 min -51,9% (1997)	Le PIB minimum est atteint la même année que l'offre de monnaie maximale. Le taux de croissance explose entre 1995 et 1997 puis décroît mais reste élevé. Le taux de croissance de la monnaie est élevé.
Tchad	PIB max 7,7% (1998) PIB min -1,7% (1999) M2 max 52,25% (1996) M2 min -13,13% (1999)	Le PIB minimum est atteint la même année que l'offre de monnaie minimale. Le taux de croissance est faible avec une tendance à la hausse. Le taux de croissance de la masse monétaire baisse tout au long de la période et remonte en 2000.

Source : Construit par l'auteur à partir de l'observation des données sur le WDI 2008

Analyse du tableau obtenu au cours de la période

La lecture du tableau ci-dessus laisse apparaître des résultats positifs et des résultats négatifs tant dans le secteur réel que dans le secteur monétaire. L'activité économique reste très contrastée durant cette période. Dès 1992, le PIB se raffermit. Cela coïncide avec une baisse de l'offre de monnaie. L'on passe ainsi de 36,8% en 1994 à 3% en 2002, puis 1,3% en 2003. Si l'on s'en tient aux chiffres, cette période est caractérisée par une progression de l'activité économique, surtout au Cameroun et en Guinée-équatoriale. Le taux de croissance de la masse monétaire se situe en moyenne autour de 4-5%. Somme toute, les résultats de la zone CEMAC semblent globalement positifs. Cependant il y a aussi des résultats négatifs.

Dès 1999, l'on assiste à une tendance généralisée de la croissance à la baisse dans la zone CEMAC. En effet, le Congo et le Gabon renouent avec des taux de croissance négatifs. Le Congo notamment évolue dans une conjoncture défavorable à la croissance économique, caractérisée par la persistance des tensions politico-militaires, par la baisse des cours du pétrole qui induisent une dégradation non négligeable des termes de l'échange. Ainsi ce pays enregistre en 1994 un taux de croissance du PIB réel égal à -5,5%. Dans le cas du Gabon, le recul de la production pétrolière, la forte dépendance de l'économie gabonaise par rapport au marché interne, qui souffre alors d'un ralentissement de la demande liée à la chute des revenus issus du secteur pétrolier, sont quelques facteurs susceptibles d'expliquer la récession à laquelle le pays fait face dans les années 1999 à 2000 (-8,9% en 1999 et -1,9% en 2000). Le Cameroun non plus ne sera pas en reste, il présente dès 1997 une décroissance progressive du taux de croissance du PIB réel. Cette analyse met à jour la spécificité de la relation monnaie et croissance économique en zone CEMAC.

SECTION 2 : EVIDENCE EMPIRIQUE DE LA RELATION MONNAIE ET CROISSANCE EN ZONE CEMAC

A la seule lecture des chiffres sur l'évolution de l'offre de monnaie et de la production, nous ne sommes pas en mesure de caractériser avec précision la relation qui ressort de ces deux agrégats. La présente section se propose donc de mener une étude économétrique de la relation monnaie et croissance économique en zone CEMAC.

2-1- Choix et spécification du modèle

Il est question dans ici de spécifier le modèle et les variables avant de décrire la procédure d'estimation.

Présentation du modèle et des variables

L'économétrie des données de panel prend en compte à la fois les données individuelles et temporelles, ce qui permet de mieux appréhender les différents facteurs susceptibles d'expliquer la croissance et de tenir compte des spécificités individuelles. Nous utiliserons donc un modèle de panel et plus précisément un panel dynamique auquel nous appliquerons la méthode des moments généralisés (GMM) car elle permet de contrôler les effets spécifiques individuels et temporels mais aussi de palier au biais de simultanéité, de causalité inverse et de variables omises.

Tout d'abord, afin d'avoir une bonne spécification du modèle, nous allons nous pencher sur les questions de stationnarité des variables en effectuant des tests de racine unitaire puis nous effectuerons un test d'autocorrélation des résidus puisque la méthode des moments généralisés suppose la quasi-stationnarité des variables de l'équation en niveau et l'absence d'autocorrélation des résidus. Les résultats obtenus indiqueront si des tests complémentaires doivent être menés afin d'expliciter le sens de la relation que nous cherchons à étudier.

Le modèle empirique à estimer s'inspire de l'équation de croissance de Barro qui fut utilisée par Beck, Levine et Loayza (1999).

*Comme **variables de notre modèle** on a* :

- La variable à expliquer qui est la croissance économique dont l'indicateur est le taux de croissance annuel du produit intérieur brut (PIB) ;

Et les variables explicatives suivantes :

- La dette publique dont l'indicateur est le taux de croissance annuel de la dette publique. Cette variable permet de capter l'influence de l'endettement du gouvernement sur l'activité économique. C'est une variable importante vu le rôle et le poids de l'Etat dans les économies en développement de façon général et dans celles des pays de la CEMAC en particulier. (DETPUB)
- La masse monétaire au sens large (M2), avec pour indicateur le taux de croissance annuel de la masse monétaire (M2). C'est la variable qui prend en compte les effets de la politique monétaire à travers l'offre de monnaie sur la croissance économique.
- Les réserves (y compris l'or) qui ont pour indicateur le taux de croissance annuel du total des réserves (RESERV). Cette variable permet de tenir compte des effets des avoirs extérieurs des Etats sur l'évolution de l'activité économique. En outre les réserves permettent à la Banque Centrale de garantir la stabilité externe de la monnaie.
- Le crédit domestique fourni par le secteur bancaire dont l'indicateur est le pourcentage du crédit domestique dans le PIB (CREDIT). C'est une variable qui permet d'apprécier le poids du crédit distribué par le secteur bancaire dans l'évolution du PIB.
- Les exportations qui ont pour indicateur le taux de croissance des exportations de biens et services (EXP). Les économies de la zone CEMAC étant fortement dépendantes de leurs exportations qui ont un effet positif sur la croissance économique comme le soulignent Cline (1984), Riedel (1988), et Collombatto (1988). Par conséquent il est important d'avoir cette variable dans notre modèle.
- Le taux d'intérêt qui est capté par le taux débiteur réel des banques (TXDEBT).

Cette variable permet de capter les impulsions de la politique monétaires sur l'activité économique à travers le canal du taux d'intérêt. Puisqu'elle dépend du taux directeur de la Banque Centrale.

- L'investissement privé dont l'indicateur est le taux de croissance annuel de la formation brute du capital fixe (INVEST). C'est une variable clef de la croissance économique puisque c'est par elle que transitent les impulsions de la politique économique pour atteindre la production, elle doit avoir un fort effet positif sur cette dernière.

Ainsi, le modèle à estimer s'écrit sous la forme suivante :

$$\ln PIB_{it} = \beta_{0it} + \alpha \ln PIB_{it-1} + \beta_{1it} \ln DETPUB_{it} + \beta_{2it} \ln M2_{it} + \beta_{3it} \ln RESERV_{it}$$
$$+ \beta_{4it} \ln CREDIT_{it} + \beta_{5it} \ln EXP_{it} + \beta_{6it} \ln TXDEBT_{it} + \beta_{7it} \ln INVEST_{it} + v_i + \gamma_t + \mu_{it}$$

Avec v l'effet spécifique pays, γ l'effet spécifique temporel et μ le terme d'erreur ; i est l'indice pays et t l'indice temporel.

Le résumé des variables choisies, les définitions, les signes attendus et leurs sources sont présentés dans le tableau ci-dessous :

Tableau 2 : Description des variables, signes attendus et source des données du modèle 1.

variables	Définitions	Signes attendus	Source
ln DETPUB	Logarithme du taux de croissance de la dette publique	_	**WDI (2008)**[24]
ln INFLA	Logarithme du taux d'inflation	_	**WDI (2008)**
lnM2	Logarithme du taux de croissance de la masse monétaire	+	**WDI (2008)**
ln RESERV	Logarithme du taux de croissance des réserves	+	**WDI (2008)**
ln CREDIT	Logarithme du crédit domestique	+	**WDI (2008)**
ln EXP	Logarithme du taux de croissance des exportations	+	**WDI (2008)**
ln TXDEBT	Logarithme du taux débiteur réel des banques	_	**WDI (2008)**
ln INVEST	Logarithme du taux de croissance des investissements	+	**WDI (2008)**

---

[24] CD-ROM du world Development indicators (2008)

| ln PIB(-1) | Logarithme du taux de croissance du PIB retardé d'une période | + | **WDI (2008)** |

Source : *Construit par l'auteur.*

Notre **population d'étude** est composée des pays de la zone CEMAC à savoir : le Cameroun, la RCA, le Congo, le Gabon la Guinée-équatoriale et le Tchad. C'est un échantillon relativement homogène en ce qui concerne les caractéristiques de fond telle que le niveau de développement des pays ou leur situation géographique.

Nos **données** proviennent essentiellement de la banque mondiale et des bulletins et statistiques de la BEAC.

Par souci d'homogénéité et pour avoir un panel cylindré, **notre période** d'étude ira de 1986 à 2006. La Guinée-équatoriale intègre la zone CEMAC en 1985 et c'est à partir de 1986 qu'on dispose de certaines données concernant ce pays aujourd'hui l'un des moteurs de la croissance dans la sous-région.

Procédure d'estimation

Après avoir présenté le modèle et ses variables, il est question dans la présente sous-section de présenter la procédure générale d'estimation en données de panel.

– **Test de stationnarité**

L'étude de la stationnarité des séries temporelles est aujourd'hui devenue incontournable dans la pratique économétrique courante. Ceci est dû au fait que la plupart des analyses se faisant sur des séries longues subissent des perturbations d'origine diverses qui tendent à modifier la variance des données, ce qui biaise parfois les résultats des estimations. Tout travail empirique débute ainsi par l'étude de la stationnarité des séries considérées avec l'application d'un test de racine unitaire et éventuellement de cointégration.

En effet, si l'on arrive à l'issu du test, à la conclusion selon laquelle les séries sont stationnaires, on peut procéder à une estimation de notre modèle tel que spécifié sans aucune modification. Par contre, s'il s'avère que les séries ne sont pas stationnaires, l'on doit procéder à une correction de notre modèle : on passe ainsi à un modèle à correction d'erreurs. Pour cela, on effectue un test de cointégration et si l'hypothèse se cointégration est acceptée, on peut passer à l'estimation du modèle à correction d'erreur. Le modèle à correction d'erreurs présente une priorité remarquable qui a été démontrée par Granger (1983). Un ensemble de variables cointégrées peut être mis sous forme d'un modèle à correction d'erreurs dont toutes les variables sont stationnaires et dont les cœfficient peuvent être estimés par les méthodes économétrique classiques.

Le test de Im-Pesaran-Shin (IPS) effectué avec le logiciel STATA 9.0 dont les résultats sont présentés en détail à **l'annexe 2**, a montré que toutes nos séries sont stationnaires. Nous pouvons donc procéder à l'estimation de notre modèle tel que spécifié sans aucune modification.

- **Test de normalité des résidus**

Ce test permet de vérifier que les éléments aléatoires sont distribués selon une loi normale. Cette hypothèse est justifiée par le théorème central limite.

Ce caractère aléatoire des erreurs constitue une hypothèse fondamentale du modèle classique de régression linéaire. Elle est justifiée par le fait que si les erreurs n'ont pas un caractère systématique, ceci suppose en outre que le modèle de régression n'ait pas oublié une variable explicative importante. C'est cette hypothèse de l'existence d'une loi de distribution statistique normale autour des vraies valeurs estimées, qui va permettre de faire les estimations des paramètres du modèle d'ajustement.

Les hypothèses du test sont les suivantes :

H_0 : les résidus suivent une loi normale

H_1 : les résidus ne suivent pas une loi normale

La décision est de ne pas rejeter l'hypothèse nulle si la probabilité du test est inférieure à la valeur lue sur la table.

Les résultats de ce test présentés en **annexe 3**, nous amènent à ne pas rejeter l'hypothèse nulle et donc à conclure à une distribution des éléments aléatoires de notre modèle selon une loi normale.

Une fois ces tests effectués, nous pouvons passer à une estimation des paramètres de notre modèle.

- **Résultats de la régression**

Le tableau ci-dessous présente les résultats de la régression du modèle à effets aléatoires selon la spécification retenue précédemment.

Tableau 3 : Résultats de l'estimation du Panel dynamique

Dependent Variable: Method: GMM Observations :144	**GDP**			
VARIABLES	Coefficient	Std. Error	t-Statistic	Prob
CREDIT	-0.473991***	0.17992	-2.63442	0.023223
DETPUB	-0.30724 3***	0.32780	2.0 5249	0.090955
EXPO1	0.607947**	0.04755	- 0797 46	0.441806
INVEST	1.529959**	0.4262 4	- 1.24325	0.239621
M2	-0.371991*	0.926698	-2.10 623	0.052342
RESERV	-0.07224 3**	0.17992	-2.63442	0.023223
TXDEBT	-0.527947***	0.32780	2.0 5249	0.090955
GDP (-1)	0.119959**	0.04755	- 0797 46	0.441806
INFLA	- .0379571**	0.4262 4	- 1.24325	0.239621
C	-1 .7679571***	0.926698	-2.10 623	0.052342

R-squared	0.870385		**F-statistic**	9.2333
Adjusted R-squared	0.776120			
Observations		144	**Prob (F-statistic)**	0.000642
H- Durbin-Watson		3.1130	**Sargan test**	0.342

*** p<0.01, ** p<0.05, * p<0.

Source : Estimations de l'auteur.

Les tests de significativité individuelle effectués sur les cœfficients des variables explicatives du modèle et présentés en **annexe 4** montrent que les cœfficients des variables suivantes sont statistiquement différent de zéro : lndetpub (5%), lncredit (1%), lninvest (1%) et lnreserv (1%). Ce test révèle en outre que la variable la plus contributive à l'explication de l'évolution du PIB est l'investissement.

Concernant les signes attendus des cœfficients estimés des variables explicatives, le tableau ci-dessous confronte les signes attendus des variables eu égard à la théorie économique aux signes obtenus suite à l'estimation des paramètres de notre modèle.

Tableau 4 : Signes attendus et signes obtenus des variables explicatives du modèle dynamique

variables	Signes attendus	Signes obtenus
ln DETPUB	−	−
ln INFLA	−	−
lnM2	+	−
ln RESERV	+	−
ln CREDIT	+	−
ln EXP	+	+
ln TXDEBT	−	+
ln INVEST	+	+
Ln PIB (-1)	+	-

Source : *Construit par l'auteur .*

Comme prévu, la dette publique et l'inflation affectent négativement la croissance, tandis que les exportations et les investissements l'affectent négativement. Mais contrairement à nos attentes, la masse monétaire, le total des réserves et le crédit domestique fourni par le secteur bancaire ont un impact négatif sur l'évolution du PIB, tandis que le taux d'intérêt débiteur l'affecte négativement.

2-2- Analyse des résultats et enseignements

Les résultats apparaissent intéressants et montrent l'existence d'un lien négatif mais non significatif entre le PIB et la masse monétaire d'une part et le crédit domestique fourni par le secteur bancaire d'autre part. Ceci va à l'encontre des résultats de Romer (1989) qui souligne qu'une politique monétaire restrictive déprime l'activité économique ; de Sarr et Dingui (2000) qui montrent que les impulsions monétaires sont transmises à la sphère réelle par le taux débiteur réel des banques. Mais ces résultats vont dans le même sens que ceux de King (2000) qui aboutit à l'existence d'une corrélation entre croissance de la quantité de monnaie et inflation et l'inexistence d'un lien entre croissance monétaire et croissance du produit réel.

En général, l'existence d'un lien statistique entre deux variables ne nous renseigne pas sur la nature et le sens de cette causalité. Il est tout à fait vraisemblable que la causalité entre la masse monétaire et le PIB ne soit pas univoque : l'augmentation de la masse monétaire constituant souvent une conséquence de la croissance économique. Malheureusement, il reste difficile d'un point de vue méthodologique d'effectuer la recherche de causalité en données de panel. Il est seulement possible de citer les travaux de Weinhold (1996)[25].

Les résultats de l'estimation de notre équation de croissance montrent que cette équation explique 77% de la variation du taux de croissance du PIB. Il apparaît que la politique monétaire axée sur le rôle joué par les agrégats nominaux de monnaie et de crédit influence négativement le PIB. Ainsi une augmentation du taux de croissance de la masse monétaire d'une unité entraîne une diminution du taux de croissance du PIB de 0,037948 de même qu'une augmentation de la part dans le PIB, du crédit domestique fourni par le secteur bancaire d'une unité entraîne une baisse du taux de croissance économique de 0,473992 fois cette unité.

Le taux de croissance annuel de la dette publique (en pourcentage de la masse monétaire au sens M2) influence négativement la croissance économique. Ceci peut s'expliquer par le fait que l'endettement public produit un effet d'éviction sur l'investissement privé qui le moteur

---

[25] Weinhold,D., (1996) : « Tests de causalité sur données de panel : une application à l'étude de l'investissement et la croissance », Economie et prévision, n°spécial : Analyse des comportements économiques à partir de données de panel, n°126-5.

de la croissance économique. Une augmentation du taux de croissance annuel de la dette publique d'une unité conduit à une baisse du PIB de 0,037553 fois cette unité.

Le taux d'intérêt débiteur influence positivement la croissance économique contrairement à nos attentes. En effet, une hausse de ce taux d'une unité entraîne une augmentation du PIB de 0,529959 fois cette unité, toutefois, ce résultat est non significatif. Ceci est contraire à la théorie économique et est sans doute lié à la situation de surliquidité des banques de la sous-région.

L'investissement a un effet positif et non significatif sur la croissance économique. C'est d'ailleurs la variable la plus contributive à l'explication de la croissance économique en zone CEMAC comme le montre les tests de significativité individuelle présentés à l'annexe 4. Une augmentation de la part de l'investissement dans le PIB d'une unité entraîne une augmentation de ce dernier de 0,363778 fois cette unité. Pour que la politique monétaire ait un effet positif sur la croissance économique dans ces conditions, il faut qu'elle favorise les investissements notamment par la promotion d'un cadre macroéconomique stable et le maintien des taux d'intérêt à des niveaux susceptibles d'attirer les investisseurs.

Le total des réserves en proportion de la dette extérieure a un effet négatif et non significatif sur la croissance économique. Une augmentation de cette variable d'une unité entraîne une baisse du PIB de 0,071098 fois cette unité. Ce résultat bien que contraire à nos attentes peut s'expliquer par l'impact négatif et significatif de la dette publique sur le PIB.

Le PIB de la période précédente a un effet négatif et non significatif sur la croissance économique. Une augmentation de cette variable d'une unité entraîne une baisse du PIB de 0,112074 fois cette unité. Ce résultat est contraire à nos attentes.

Les exportations ont un effet positif non significatif sur le PIB, ceci est en accord avec la théorie économique. Une augmentation de la part des exportations dans le PIB d'une unité entraîne une augmentation de ce dernier de 0,607249 fois cette unité. En effet les pays de la zone CEMAC sont largement dépendants pour leur revenu, des exportations de matières premières agricoles et minières.

D'une façon générale, ces résultats soulèvent plusieurs implications. Concernant la politique budgétaire (dépenses publiques, taux d'imposition,...), elle sera menée de façon à favoriser ce qui donne de l'impulsion à la croissance économique par exemple par des exonérations fiscales pour encourager les entreprises privées locales. La convergence des indicateurs macroéconomiques devrait être effective concernant la dette publique afin de limiter son impact négatif sur la croissance économique.

Toutefois, il n'est pas possible d'affirmer que le même taux de croissance entraîne les mêmes bénéfices dans les six pays de la sous-région. Il faut tenir compte par exemple, des problèmes de redistribution, de gouvernance, d'effectif de la population, des critères socioculturels propres à chaque pays, des aspirations gouvernementales et autres aléas.

Théoriquement, ces résultats présentent plusieurs perspectives. D'abord c'est une confirmation des résultats théoriques obtenus par d'autres auteurs, au sujet d'autres pays.

Quelques limites peuvent toutefois être relevées, qui permettront d'ailleurs de pouvoir mener d'autres études sur ce sujet en modifiant l'orientation ou la méthode. L'on peut donc noter la présence de données manquantes qui peuvent avoir une influence sur les résultats qui restent cependant assez précis si l'on en croit la méthode d'inférence. D'autres variables peuvent être ajoutées au modèle ; c'est le cas des données faisant référence à la formation du capital humain ; à la population etc…

Une autre optique serait de mener les estimations avec les nouvelles méthodes qui permettent de déterminer les points de rupture de la constance des cœfficients et de déterminer les dates d'occurrence desdits points.

CONCLUSION DU CHAPITRE II

Le chapitre II qui s'achève avait pour objectif d'analyser les effets de la monnaie sur la croissance économique par le biais d'une étude économétrique. A cet effet le chapitre commence, en première section, par une étude des chiffres portant sur de monnaie et sur la croissance économique. Puis la deuxième section est consacrée à une régression des effets de la monnaie sur la croissance économique. Il ressort de cette étude que l'offre de monnaie au sens M2 a effet négatif mais non significatif sur la croissance économique mais. Ceci se justifie sans doute par la situation de surliquidité du système bancaire de la zone CEMAC. Par ailleurs, le fait que la stabilité des prix soit au centre des préoccupations de la Banque Centrale dans la plupart des pays aujourd'hui. Car en maintenant la stabilité des prix, la Banque Centrale garantie un cadre macroéconomique stable, indispensable à toute croissance économique soutenue nous amène à nous demander si les effets de la politique monétaire sur l'activité ne passent pas plutôt par la lutte contre l'inflation en d'autres termes, il s'agit de questionner la relation entre stabilité des prix et croissance économique.

CONCLUSION DE LA PREMIERE PARTIE

Cette première partie intitulée : « Monnaie et croissance économique en zone CEMAC », avait pour objectif d'étudier la relation monnaie et activité économique dans le contexte des pays de la CEMAC. Pour ce faire, elle commence par restituer le débat théorique autour de l'inexistence d'un effet de la monnaie sur l'activité économique, cela a constitué l'essence du Chapitre 1. Il est impératif pour la Banque Centrale de maîtriser les fondements théorique de la politique qu'elle entend menée étant entendu que toute politique économique doit être menée avec des objectifs stricts et biens définis.

Ensuite le chapitre 2 s'est attaché à analyser la relation monnaie et activité économique spécifique aux pays de la CEMAC et de façon plus précise les effets sur la croissance économique de la politique monétaire axée sur les agrégats de monnaie et de crédit. Il en ressort que de façon générale, la monnaie a un effet négatif non significatif sur l'activité dans la sous-région. La politique monétaire axée sur le rôle joué par les agrégats de monnaie et de crédit est donc inefficace pour stimuler l'activité économique.

Dès lors, toute la question est de vérifié l'impact de la poursuite de l'objectif de stabilité par la Banque Centrale sur l'activité.

DEUXIEME PARTIE : STABILITE DES PRIX ET CROISSANCE ECONOMIQUE EN ZONE CEMAC

INTRODUCTION DE LA DEUXIEME PARTIE

L'étude que nous avons menée tout au long de la première partie met en évidence le dynamisme de la discussion au centre de laquelle se trouve le tandem monnaie-croissance économique. Ayant abouti à la conclusion que la monnaie n'a pas d'effet significatif sur la croissance en zone CEMAC. Il semble dès lors opportun d'étudier les différentes facettes de la relation stabilité des prix croissance économique dans notre contexte d'étude, bien qu'il soit prétentieux d'embrasser toutes les caractéristiques d'une telle relation dans une seule étude. Aussi, cette deuxième partie intitulée « Stabilité des prix et croissance économique en zone CEMAC » a pour objectif d'établir les spécificités de la relation qui existe entre la stabilité des prix et la croissance économique en zone CEMAC compte tenu de l'hétérogénéité des pays. Pour atteindre cet objectif, nous commencerons par revisiter les enjeux théoriques du tandem stabilité des prix croissance (Chapitre 3), puis nous procéderons à une vérification empirique de la relation, spécifique aux pays de la CEMAC, (Chapitre 4). Ce dernier chapitre s'achèvera par quelques recommandations de politiques économiques qui découleront de nos résultats.

CHAPITRE III : LES ENJEUX THEORIQUES DE LA RELATION STABILITE DES PRIX CROISSANCE ECONOMIQUE

Introduction

La plupart des Banques Centrales ont connu ces trente dernières années de profondes mutations au niveau de leurs stratégies de politique monétaire, afin de mieux répondre aux défis qu'imposent les transformations perpétuelles de l'environnement économique mondial. Au rang de ces défis on note la maîtrise de l'inflation. Cette question préoccupe les économistes depuis presqu'aussi longtemps qu'on parle de monnaie. Il est devenu impensable aujourd'hui d'évoquer la politique monétaire sans soulever la question de l'inflation. Si d'une manière incontestable l'inflation doit être maîtrisée, les grands courants de pensée en économie n'arrivent pas à se mettre d'accord sur son origine et les manières de résorber ce déséquilibre. Ce chapitre se propose de revisiter les enjeux théoriques qui entourent qui entourent la relation stabilité des prix et croissance afin de cerner tous les contours de ce tandem.

A cet effet, le chapitre commence en première section par présenter les explications théoriques et les conséquences de l'inflation sur la croissance. La seconde section quant à elle retrace le débat autour du tandem inflation croissance.

SECTION 1 : L'INFLATION : EXPLICATIONS THEORIQUES ET CONSEQUENCES

Tout d'abord, il faut signaler qu'inflation et déflation (baisse du niveau général des prix dans l'économie) ne sont pas symétriques et que la désinflation (atténuation ou diminution de l'inflation) permet d'ouvrir un autre débat.

L'histoire économique nous révèle qu'il existe essentiellement trois types d'inflations, à savoir : l'inflation modérée ; l'inflation galopante ; l'hyperinflation.

On parle d'inflation modérée lorsque l'augmentation des prix est lente. Dans ce cas, le taux d'inflation ne dépasse pas un chiffre. Les prix sont relativement stables, les agents économiques ont confiance en la monnaie et sont disposés à conclure des contrats à long terme monétaire parce qu'ils croient que le niveau des prix connaîtra une évolution raisonnable.

On parle d'inflation galopante lorsque le taux d'inflation effectue des bonds d'une année à l'autre, sans toutefois exploser. Ce fut le cas des pays développés dans les années 1970, à la suite des chocs pétroliers ou encore des pays de la Zone Franc après la dévaluation du franc CFA de Janvier 1994. L'inflation galopante présente des taux à deux chiffres. Dans ce cas, les gens se font des réserves de biens, et prêtent l'argent à des taux élevés.

L'hyperinflation quant à elle désigne une augmentation exponentielle des prix. C'est la forme la plus redoutée d'inflation, sa principale cause est l'accroissement colossal de la masse monétaire, qui généralement provient de la nécessité de financer d'importants déficits budgétaires. L'arrêt de l'hyperinflation nécessite la maîtrise du taux de change, de la masse monétaire, des dépenses publiques et des mécanismes de fixation des salaires et des prix.

1-1- Les explications théoriques de l'inflation

Afin de répondre à la question savoir d'où provient l'inflation, l'analyse économique distingue deux grandes catégories d'explications. La première catégorie regroupe toutes les théories non strictement monétaires (l'approche par les chocs d'offre notamment) et la deuxième toutes les théories monétaires (approche par la demande excédentaire entre autres).

a) Approche par les chocs d'offre

L'analyse de l'inflation insiste sur l'explication de l'inflation par la demande et par les coûts. Les tenants de l'inflation par les coûts soutiennent que la création monétaire suit les mouvements de la production et des prix et ne les précède pas. Elle est en bonne partie endogène.

Pour les keynésiens, l'inflation est due aux variations des salaires nominaux, à la productivité ou des marges de profit. Il en est de même pour les écrivains socialistes radicaux tels que Galbraith. Ce type d'inflation apparaît à la suite de la hausse des coûts au cours des périodes de chômage important.

Ici on considère que les salaires sont les principaux facteurs affectant l'offre globale. La modification des salaires peut être considérée comme un choc d'offre, en ce sens qu'elle entraîne un déplacement de la courbe d'offre. Au fur et à mesure que les prix augmentent, les revenus réels des salariés baissent, ces derniers vont ensuite revendiquer la hausse des salaires pour faire face à la modification des prix. Le processus va ainsi continuer car les employeurs, cherchant à maintenir des profits élevés, auront tendance à augmenter les prix de nouveau. Dans la réalité, on constate tout de même que les prix augmentent plus vite que les salaires, de plus la baisse des salaires n'implique pas nécessairement une diminution des prix.

Même comme certains analystes ont remis en cause cette interprétation, en évoquant le fait que les chocs sont souvent exogènes alors que les salaires nominaux sont des variables endogènes. Outre les coûts salariaux, les facteurs tels que l'augmentation des prix des matières premières et des intrants (une illustration est celle des chocs pétroliers de 1973 et 1979) les catastrophes naturelles, la technologie peuvent également conduire à l'augmentation du niveau général des prix.

Les périodes d'inflation continue et persistante sont de moins en moins expliquées par les chocs d'offre, d'où l'explication par la demande.

b) Approche par la demande excédentaire

Cette deuxième catégorie d'explications des origines de l'inflation relative aux théories monétaires regroupe des courants hétérogènes. On y retrouve la réponse monétariste standard, la réponse ultra monétariste et enfin les autres critiques du monétarisme standard.

L'analyse de l'inflation par la demande excédentaire a fait l'objet d'un débat au XIXe siècle entre la « Currency school » (école favorable à la couverture métallique de la monnaie) et la « Banking school » (école favorable au principe de régulation de la création de monnaie par les banques).

Pour la Currency school, toute émission excessive de billets augmenterait les prix nationaux par rapport aux prix étrangers et serait convertie en or pour réaliser des achats moins onéreux à l'étranger. La perte en réserves qui en résulterait contraindrait les banques à réduire leurs émissions de billets, éliminant ainsi l'inflation attendue à cet effet. Toutefois les crises monétaires des années 1820 et 1830 remirent en cause cette thèse dans la mesure où la convertibilité seule ne suffisait plus pour protéger la monnaie de l'inflation. La conclusion principale de cette école est que l'inflation résulte, tout au moins en grande partie, du gonflement excessif de la masse monétaire.

Au contraire, les partisans de la Banking school, refusaient catégoriquement la nécessité d'un contrôle des billets, soutenant que l'émission des billets est automatiquement régulée par les besoins du commerce. Ce courant de pensée soutenait que l'émission excessive de billets est impossible parce que l'offre de billets est déterminée par la demande. D'après l'hypothèse de l'enchaînement causal inversé, une variation du niveau des prix et de l'activité économique induit une variation concomitante de la demande de prêts bancaires. De cette façon les prix déterminent le stock de monnaie, dont le gonflement est le résultat et non la cause de l'inflation. Ici l'offre de monnaie apparaît passive contrairement à ce que soutenait la Currency school, qui craignait un gonflement excessif et inflationniste de la masse monétaire au cas où les billets convertibles ne seraient pas couverts à 100% par l'or. La Banking school soutenait en outre que les mouvements internationaux d'or sont absorbés par les encaisses oisives et n'ont pas d'effet sur la masse monétaire en circulation, et qu'une sortie d'espèce est due à des chocs réels qui s'exercent sur la balance des paiements et non à l'inflation intérieure.

L'inflation s'explique dans ce cas par des facteurs tels que la désépargne, le seigneuriage (mise en circulation de la monnaie sans contrepartie). L'inflation par la demande trouve son explication chez les auteurs classiques et monétaristes grâce à la Théorie Quantitative de la Monnaie (TQM). Cette dernière explique les relations entre la monnaie, les prix et les revenus. Toutefois la politique des bas taux d'intérêt prônée par les keynésiens n'a pas permis de réduire l'inflation dans beaucoup de pays, comparativement à ceux qui ont pu le faire dans les années 1950, en limitant la croissance de la masse monétaire. Par opposition à l'approche qui considère que l'augmentation des salaires provoque l'augmentation des prix et vice-versa, la TQM estime que les processus de détermination des salaires et des prix sont des processus réels et non des processus arbitraires. L'hypothèse fondamentale ici est qu'il y a une fonction de demande de monnaie stable dans laquelle le taux d'inflation entre comme un coût de détention des encaisses réelles (Johnson, 1963). Pour cette théorie, l'inflation est fondamentalement un phénomène monétaire et pour lutter contre celle-ci, il faut limiter l'expansion de la quantité de monnaie.

L'inflation par la demande excédentaire se traduit par le fait que la croissance de l'offre de monnaie fait augmenter la demande globale qui à son tour élève le niveau des prix.

Il existe néanmoins d'autres facteurs explicatifs de l'inflation tels que les structures politiques, économiques et sociales mais aussi les facteurs psychologiques sur lesquels nous ne nous attarderons pas ici. Par contre il est intéressant de revenir sur les conséquences de l 'inflation dans l'économie.

1-2- les conséquences de l'inflation

Les économistes ont distingué plusieurs coûts générés par l'inflation, à savoir : le coût d'usure qui est lié au rognement des avoirs monétaires ; le coût d'affichage lié à la multiplication des révisions des prix ; les variations inattendues des charges fiscales liées à la non indexation de la fiscalité ; les confusions ou gênes liées à la variation des unités de compte ; les distributions arbitraires de richesses des créditeurs vers les débiteurs ; et enfin la variabilité des prix relatifs et l'allocation inefficace des ressources.

Si tous ces coûts sont importants en période d'hyperinflation, leur importance est plus discutable dans l'hypothèse d'une inflation modérée.

Comme effets négatifs de l'inflation, nous pouvons citer entre autres les pertes de pouvoir d'achat de la monnaie. L'analyse des conséquences de l'inflation nécessite la distinction entre inflation anticipée et inflation non anticipée.

a) L'inflation anticipée

La majeure partie des problèmes causés par l'inflation provient de son caractère imprévisible. Si l'inflation pouvait être parfaitement anticipée, les prix incorporeraient systématiquement les effets futurs de l'inflation et les contrats seraient correctement indexés.

En général toutes les décisions économiques vont incorporer les variations des prix anticipés. L'inflation est assimilable à un impôt car elle réduit la valeur des encaisses réelles, ensuite la taxe à l'inflation [26]constitue un fardeau pour les détenteurs des encaisses monétaires.

La monnaie étant le moyen de paiement le plus sûr dans une économie moderne, une inflation anticipée élevée entraîne une augmentation du taux d'intérêt qui, à son tour augmente le coût d'opportunité de détention de la monnaie.

En période d'inflation même anticipée, les agents économiques font beaucoup de transactions financières pour réduire leur volume d'encaisses réelles. Ils peuvent parfois réduire leur consommation courante au détriment des biens durables pour se protéger contre la taxe à l'inflation. Tout ce-ci se fait au prix des coûts réels qui sont considérables lorsque l'inflation devient beaucoup plus élevée (Baumol, 1952).

Une autre conséquence de l'inflation anticipée concerne la modification des étiquettes des prix dans les magasins (cf. coût d'affichage). Malheureusement, les attentes correspondant rarement à la réalité, les agents économiques font des erreurs dans leur appréciation du futur.

b) L'inflation non anticipée

L'inflation non anticipée surprend et intervient avant que les agents n'aient le temps de modifier leur comportement. Les décisions des agents économiques peuvent être induites en erreur et l'inflation a alors une incidence réelle sur l'économie parce que les décisions des agents seront éloignées de ce qu'elles seraient en cas d'information parfaite.

L'inflation non anticipée entraîne une redistribution du revenu et du patrimoine entre différent groupes de population : des créanciers vers les débiteurs. Une réduction de l'inflation non anticipée agit en sens contraire. Pour protéger les agents économiques détenteurs d'actifs tels que la monnaie et les obligations, les économistes ont préconisé l'utilisation des instruments financiers indexés.

Une inflation prolongée et galopante change les habitudes des consommateurs. En confrontant ces derniers aux augmentations des prix et des pressions dans leurs achats, elle les pousse à douter de leur capacité à maintenir leur standard de vie, et par là même dégrade la valeur de leur carrière professionnelle ainsi que leur épargne à long terme (Okun, 1975). Une inflation élevée réduit la demande d'encaisses réelles, en particulier la détention de très peu d'encaisses réelles peut être substituée par une détention forte du capital physique, ce qui à terme

---

[26] La taxe à l'inflation désigne la perte en capital dont souffre les détenteurs des encaisses monétaires à cause de l'inflation

augmente la production par tête et réduit le taux d'intérêt réel. En dehors des effets de portefeuille sus mentionnés, l'inflation influence également l'épargne si le taux de celle-ci dépend du taux d'intérêt réel. En période d'inflation, il est avantageux d'emprunter, l'augmentation des demandes d'emprunt pousse les banques à consentir des prêts à des taux élevés, ce qui constitue un obstacle à l'investissement.

SECTION 2 : LE DEBAT AUTOUR DU TANDEM STABILITE DES PRIX CROISSANCE

L'influence de l'inflation sur la croissance économique est appréhendée dans le cadre d'analyses empiriques se référant aux modèles de croissance à moyen et long terme. Afin de préciser les résultats quant aux divers aspects de la relation entre l'inflation et la croissance économique, diverses méthodes ont été employées à l'intérieur d'un groupe de modèles. Cette section se propose de mener une brève revue de l'ensemble des modèles et outils mathématiques qui ont déjà été utilisés jusqu'à ce jour pour analyser les divers aspects de la relation qui lie l'inflation et la croissance économique.

2-1- les analyses faisant intervenir les modèles de croissance exogène et endogène

a) Analyses par le modèle de croissance exogène

Les modèles de croissance exogène seront les premiers à être employés pour analyser la relation entre inflation et croissance économique. Le résultat est qu'un accroissement de la monnaie ou de l'inflation entraîne un accroissement de l'investissement, du capital et du produit (Tobin, 1965). Une extension de ces modèles est l'ensemble des modèles néo-classiques de type Cass-Koopman[27].

Il sera reproché à ces modèles que le taux de croissance ne peut être affecté par le taux d'inflation puisqu'il est exogène. C'est alors que les modèles de croissance endogène vont être utilisés.

---

[27] Ce sont des modèles où le taux d'épargne est endogénéisé par le biais de la maximisation de l'utilité.

a) Analyses par le modèle de croissance endogène

Les modèles de croissance endogène revêtent plusieurs formes. Il y aura par exemple les modèles à capital unique, c'est-à-dire des modèles ne contenant que le capital humain[28] ou ne contenant que le capital physique[29].

D'autres modèles prennent en compte tout type de capital, c'est le cas du modèle utilisé par Gomme (1993), Jones et Manuelli (1995), Gillman et Kejak (2002). Gillman et Kejak (2002) ont mené une belle revue de ces différents modèles de croissance endogène. Il en ressort que, globalement, l'effet de l'inflation sur la croissance économique est négatif. Toutefois, l'ampleur de cet effet négatif peut être variable du fait d'un certain nombre de facteurs tels que la présence ou non d'un effet Tobin[30].

2-2) Les autres analyses empiriques

a) Analyses avec les modèles d'équilibre général

Un certain nombre d'auteurs vont utiliser les modèles d'équilibre général, basés sur l'hypothèse d'une croissance endogène de long terme. Ils intègrent le taux d'inflation du modèle afin de voir les effets des externalités sur la relation ou mieux la stabilité de la relation entre l'inflation et la croissance économique. C'est le cas de Phaneuf (1994), Ambler et Paquet (1996), Ambler et Cardia (1997). A l'issue de leur étude, ces derniers recommandent l'utilisation de modèles plus structurels pour l'analyse de la relation entre l'inflation et la croissance économique, au regard des études qui ont précédés la leur et des résultats qu'ils ont eux-mêmes obtenus.

On peut aussi évoquer les travaux de Dotsey et Ireland (1996) qui ont consisté à présenter un modèle d'équilibre monétaire général dans lequel l'inflation cause des distorsions dans plusieurs décisions marginales. Ces distorsions étant faibles prises individuellement, c'est leur

---

[28] Le capital humain est l'ensemble des connaissances et talents acquis par les travailleurs par le biais de l'éducation, l'apprentissage et l'expérience. Voir Stokey et Junior (1989) ; Gillman, Kejak et Valentinyi (1999) ; Gylfason et Herbertson (2001)...

[29] Voir Stockman (1981) ; Ireland (1994) ; Halsag (1998) ; Lucas (2000)...

[30] L'accroissement de l'inflation entraîne un accroissement de l'investissement, du capital et du produit.

association qui entraîne un coût en termes de bien-être. Les résultats révèlent qu'un modèle d'équilibre partiel sous-estime le coût de l'inflation.

b) Autres analyses macroéconométriques

Ces analyses ont aussi pour hypothèse que le taux de croissance est endogène. Ce sont les spécifications qui diffèrent. On trouve ainsi les modèles de série temporelle, les modèles en coupe transversale et les modèles de panel. Cela est l'apanage d'auteurs tels que Barro (1995,1996), Malik et Chowdhury (2001). Ces modèles tentent de répondre à des interrogations diverses. Il est question de déterminer le sens de la causalité, préciser la nature linéaire ou non de la relation, déterminer le seuil d'inflation, rechercher la courroie de transmission des effets de l'inflation à la croissance économique.

Une comparaison des modèles de série temporelle sera menée par Marcellino (2005). Il conclut que le modèle linéaire simple, quand il est bien spécifié, est meilleur que d'autres modèles plus sophistiqués. Globalement l'effet de l'inflation sur la croissance économique est négatif. Toutefois, il existe selon les résultats des études qui y ont été menées, des pays (Afrique du Sud [Nell, 2000]) ou groupes de pays (pays appartenant au FMI) dans lesquels la relation est positive.

Les modèles à données de panel seront aussi utilisés dans les travaux d'Alexander (1997), Khan et Senhadji (2001), Gillman et al. (2002), Drukker et al. (2005) et d'autres. Il en ressort qu'une faible inflation a un effet positif sur la croissance, tandis qu'une inflation élevé a un effet négatif sur la croissance économique. En ce qui concerne le sens de la causalité, les résultats sont divers. Les trois cas de figure peuvent se présenter. C'est ainsi que dans une étude comportant soixante-dix pays, Mallik et Chowdhury (2001) trouvent que 40% des pays ne présentent aucune causalité entre inflation et croissance, 20% des pays possèdent une causalité bidirectionnelle et dans les 40% restants on retrouve des pays dont la causalité va de la croissance à l'inflation et des pays dont la causalité va de l'inflation à la croissance.

c) Analyses avec le concept du bien-être

Un groupe d'auteurs va utiliser le concept du bien-être afin d'analyser les effets de l'inflation. Le premier est Bailey (1956). C'est père du « welfare triangle » qui sera repris par d'autres auteurs. On retrouve entre autres travaux, ceux de Bullard et Russel (2004) qui utilisent un modèle d'équilibre général dans lequel les changements permanents dans la politique monétaire entraînent d'importantes conséquences pour les ménages en termes de bien-être.

De même, Apergis et al. (2005) utilisent les données de l'Union Européenne dans le but d'évaluer les performances de deux règles de politiques économiques alternatives sous un régime de ciblage d'inflation, à savoir : la règle d'anticipation ou la règle d'ajustement spontanée.

Craig et Rocheteau (2006) utilisent la méthodologie du « welfare triangle » de Bailey (1956) et Lucas (2000) pour estimer le coût de l'inflation en terme de bien-être, puis ils dérivent une fonction de demande de monnaie du modèle de Lagos et Wright (2005) avec les données des Etats-Unis sur la période 1900-2000 ; cela constitue une nouvelle façon de mesurer les effets de l'inflation sur le bien-être. Dans la même période, l'on peut évoquer les travaux de Cysne, Rubens et Penha (2006) qui utilisent une approche « inta-ménages » des coûts de l'inflation en termes de bien-être.

CONCLUSION DU CHAPITRE III

Le chapitre qui s'achève avait pour objectif de présenter les enjeux théoriques du tandem stabilité des prix croissance économique afin de mieux cerner ladite relation. A cet effet, le chapitre s'ouvre par les explications théoriques et les conséquences de l'inflation. L'inflation doit être maîtrisée par les autorités monétaires, ce qui participe de la stabilité du cadre macroéconomique, condition nécessaire à une croissance économique forte et soutenue. Justement, la deuxième section de ce chapitre a pour objet d'étudier la spécificité de la relation inflation-croissance. Si l'on relève que théoriquement, à court terme l'inflation a une influence négative sur la croissance, qu'en est-il à la lumière de l'expérience des pays de la CEMAC. Ceci nous amène à nous interroger sur l'évidence empirique de la relation inflation croissance économique en zone CEMAC.

CHAPITRE IV : LA RELATION STABILITE DES PRIX CROISSANCE A LA LUMIERE DE L'EXPERIENCE DES PAYS DE LA CEMAC

Introduction

La mise en œuvre des programmes d'ajustement structurel, les réformes monétaires entreprises et le changement de parité du franc CFA par rapport au franc français, ont induit une reprise de la croissance économique dans la zone CEMAC. Il convient de soutenir et d'accélérer cette reprise par des mesures macroéconomiques et sectorielles appropriées.

Le graphique ci-dessous tend à montrer une évolution comparable du produit réel et de l'indice des prix à la consommation.

Le présent chapitre analyse au plan empirique la relation stabilité des prix et activité économique dans les pays de la CEMAC et tire quelques enseignements utiles à la conduite de la politique monétaire dans ces pays.

La première section est consacrée au choix et à la spécification du modèle empirique tandis que la deuxième analyse les résultats obtenus avant d'en présenter les principales conclusions et recommandations.

Graphique 2: **Evolution du PIB et de l'indice des prix à la consommation (IPC)**

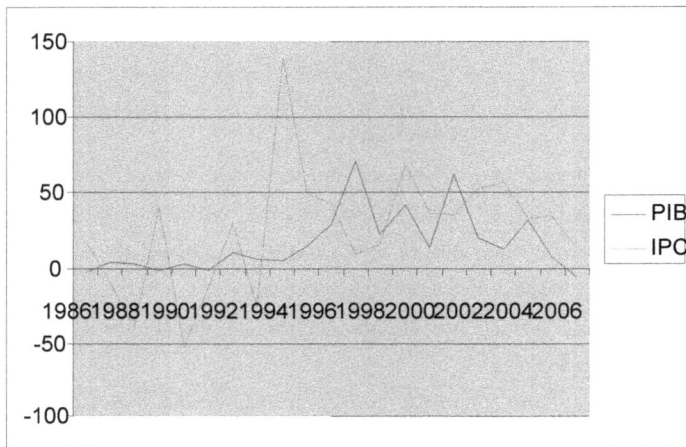

Source: *Construit par l'auteur à partir des données de la Banque Mondiale*

SECTION 1 : CHOIX ET SPECIFICATION DU MODELE

Il est question dans cette section de spécifier le modèle et les variables avant de décrire la procédure d'estimation.

1-1- Présentation du modèle et des variables

Le modèle empirique à estimer s'inspire de la version modifiée du modèle de Grauwe et Polan (2005), étant donné que celle-ci a fait l'objet de travaux empiriques, notamment pour les pays en développement.

En principe, la spécification du modèle devrait refléter la structure d'un modèle théorique de référence, cependant, la multiplicité des formalisations théoriques, quelquefois en contradiction avec l'une ou l'autre, complique le choix et pousse certains auteurs à effectuer des analyses rendant le choix des regresseurs *ad hoc* . On note plusieurs problèmes liés à ce type d'investigation, à savoir entre autres :

- qu'une mauvaise spécification due par exemple à l'omission de certaines variables peut réduire la fiabilité des résultats de l'estimation.
- Que les résultats relatifs à une variable changent quand la spécification de la régression change. par exemple le cœfficient d'une variable x est positif et significatif si la régression inclut les autres variables y, z, et w ; mais le même coefficient devient non significatif ou même change de signe si on remplace la variable w par une variable h. on parle dans ce cas de résultats qui ne sont pas **robustes**. C'est ainsi que Levine et Renelt (1992) montrent que la grande majorité des résultats de la littérature économétrique sur la croissance ne le sont pas.
- Qu'il y a un problème de multicolinéarité des regresseurs. En effet, si la corrélation entre les regresseurs est élevée, les estimations ne sont plus fiables.

Face aux éventuels problèmes susceptibles d'être rencontrés au cours de notre investigation empirique, nous nous sommes proposés de renforcer le lien entre la spécification économétrique et la modélisation théorique, d'intégrer dans la modélisation certaines variables clés en évitant d'y mettre les variables avec coefficient de corrélation bilatérale élevé et adopter une méthodologie d'estimation qui prend en compte l'omission des variables. Nous utiliserons une approche en données de panel, cette dernière intègre à la fois une dimension temporelle et une dimension spatiale ce permet de tenir compte de l'hétérogénéité pays. Cette dernière approche est devenue commune pour les déterminants de la croissance. Ainsi Barro et Sala-i-Martin (1995) régressent une équation de la croissance pour un groupe de pays sur vingt ans. Ils utilisent des données calculées comme moyenne de dix ans (il y a donc deux observations par pays), données auxquelles ils appliquent des variables instrumentales. Il à noter que cette méthodologie est appropriée seulement dans l'hypothèse que les effets spécifiques pays sont aléatoires, c'est-à-dire que ces derniers ne sont pas corrélés avec les autres regresseurs.

En effet, le recours aux panels régionaux ou internationaux avec introduction d'effets spécifiques fixes ou aléatoires propres aux pays ou aux régions concernées permet de résoudre un certain nombre de problèmes à travers les avantages liés à son utilisation.

L'avantage fondamental des données de panel est qu'elles permettent au chercheur d'avoir une grande flexibilité dans la modélisation des différences entre les individus. Entre elles permettent :

- d'obtenir des séries temporelles longues à moindre coût ;
- de capter les effets dynamiques dans le comportement des agents ;
- de contrôler l'hétérogéité individuelle et/ou temporelle ;
- d'obtenir beaucoup d'informations sur les populations ;
- d'obtenir un gain d'efficacité dans les observations puisqu'elles sont basées sur (nx1) observations ;
- d'engendrer un faible niveau de colinéarité entre les variables grâce aux deux indices ;

Cependant, leur utilisation peut comporter quelques inconvénients à savoir : le coût élevé du maintient de plusieurs période ; la difficulté à capter les effets temporels lorsque l'horizon temporel est faible.

*Comme **variables de notre modèle** on a* :

- La variable à expliquer qui est la croissance économique dont l'indicateur est le taux de croissance annuel du produit intérieur brut (PIB) ;
  Et les variables explicatives suivantes :

- La dette publique dont l'indicateur est le taux de croissance annuel de la dette publique. Cette variable permet de capter l'influence de l'endettement du gouvernement sur l'activité économique. C'est une variable importante vu le rôle et le poids de l'Etat dans les économies en développement de façon général et dans celles des pays de la CEMAC en particulier. (DETPUB)
- L'inflation qui a pour indicateur le taux de croissance annuel de l'IPC (INFLA)

L'inflation est aujourd'hui l'objectif final de la politique monétaire dans la plupart des pays du globe, cette variable nous permettra de capter l'effet de la stabilité des prix sur la croissance économique.

- La masse monétaire au sens large (M2), avec pour indicateur le taux de croissance annuel de la masse monétaire (M2). C'est la variable qui prend en compte les effets de la politique monétaire à travers l'offre de monnaie sur la croissance économique.
- Les réserves (y compris l'or) qui ont pour indicateur le taux de croissance annuel du total des réserves (RESERV). Cette variable permet de tenir compte des effets des avoirs extérieurs des Etats sur l'évolution de l'activité économique. En outre les réserves permettent à la Banque Centrale de garantir la stabilité externe de la monnaie.
- Le crédit domestique fourni par le secteur bancaire dont l'indicateur est le pourcentage du crédit domestique dans le PIB (CREDIT). C'est une variable qui permet d'apprécier le poids du crédit distribué par le secteur bancaire dans l'évolution du PIB.
- Les exportations qui ont pour indicateur le taux de croissance des exportations de biens et services (EXP). Les économies de la zone CEMAC étant fortement dépendantes de leurs exportations qui ont un effet positif sur la croissance économique comme le soulignent Cline (1984), Riedel (1988), et Collombatto (1988). Par conséquent il est important d'avoir cette variable dans notre modèle.
- Le taux d'intérêt qui est capté par le taux débiteur réel des banques (TXDEBT).

Cette variable permet de capter les impulsions de la politique monétaires sur l'activité économique à travers le canal du taux d'intérêt. Puisqu'elle dépend du taux directeur de la Banque Centrale.

- L'investissement privé dont l'indicateur est le taux de croissance annuel de la formation brute du capital fixe (INVEST). C'est une variable clef de la croissance économique puisque c'est par elle que transitent les impulsions de la politique économique pour atteindre la production, elle doit avoir un fort effet positif sur cette dernière.

Ainsi, le modèle à estimer s'écrit sous la forme suivante :

$$\ln PIB_{it} = \beta_{0it} + \beta_{1it} \ln DETPUB_{it} + \beta_{2it} \ln INFLA_{it} + \beta_{3it} \ln M2_{it} + \beta_{4it} \ln RESERV_{it}$$
$$+ \beta_{5it} \ln CREDIT_{it} + \beta_{6it} \ln EXP_{it} + \beta_{7it} \ln TXDEBT_{it} + \beta_{8it} \ln INVEST_{it} + \mu_{it}$$

Où la perturbation $\mu_{it} = \alpha_i + \eta_{it}$

Avec α_i l'effet spécifique individuel et η_{it} le reste de la perturbation.

Si α_i n'est pas corrélé avec les variables explicatives alors un modèle à effets aléatoires est indiqué. Si α_i est corrélé les variables explicatives, dans ce cas c'est le modèle à effets fixes qui sera plus indiqué.

Le résumé des variables choisies, les définitions, les signes attendus et leurs sources sont présentés dans le tableau ci-dessous :

Tableau 5 : Description des variables, signes attendus et source des données du modèle 2.

variables	Définitions	Signes attendus	Source
ln DETPUB	Logarithme du taux de croissance de la dette publique	_	**WDI (2008)**[31]
ln INFLA	Logarithme du taux d'inflation	_	**WDI (2008)**
lnM2	Logarithme du taux de croissance de la masse monétaire	+	**WDI (2008)**
ln RESERV	Logarithme du taux de croissance des réserves	+	**WDI (2008)**
ln CREDIT	Logarithme du crédit domestique	+	**WDI (2008)**
ln EXP	Logarithme du taux de croissance des exportations	+	**WDI (2008)**
ln TXDEBT	Logarithme du taux débiteur réel des banques	_	**WDI (2008)**
ln INVEST	Logarithme du taux de croissance des investissements	+	**WDI (2008)**

Source : *Construit par l'auteur.*

---

[31] CD-ROM du world Development indicators (2008)

Notre **population d'étude** est composée des pays de la zone CEMAC à savoir : le Cameroun, la RCA, le Congo, le Gabon la Guinée-équatoriale et le Tchad. C'est un échantillon relativement homogène en ce qui concerne les caractéristiques de fond tel que le niveau de développement des pays ou leur situation géographique.

Nos **données** proviennent essentiellement de la banque mondiale et des bulletins et statistiques de la BEAC.

Par souci d'homogénéité et pour avoir un panel cylindré, **notre période** d'étude ira de 1986 à 2006. La Guinée-équatoriale intègre la zone CEMAC en 1985 et c'est à partir de 1986 qu'on dispose de certaines données concernant ce pays aujourd'hui l'un des moteurs de la croissance dans la sous-région.

1-2- Procédure d'estimation en données de panel

Après avoir présenté le modèle et ses variables, il est question dans la présente sous section de présenter la procédure générale d'estimation en données de panel.

– Test de stationnarité

L'étude de la stationnarité des séries temporelles est aujourd'hui devenue incontournable dans la pratique économétrique courante. Ceci est dû au fait que la plupart des analyses se faisant sur des séries longues subissent des perturbations d'origine diverses qui tendent à modifier la variance des données, ce qui biaise parfois les résultats des estimations. Tout travail empirique débute ainsi par l'étude de la stationnarité des séries considérées avec l'application d'un test de racine unitaire et éventuellement de cointégration.

En effet, si l'on arrive à l'issu du test, à la conclusion selon laquelle les séries sont stationnaires, on peut procéder à une estimation de notre modèle tel que spécifié sans aucune modification. Par contre, s'il s'avère que les séries ne sont pas stationnaires, l'on doit procéder à une correction de notre modèle : on passe ainsi à un modèle à correction d'erreurs. Pour cela, on effectue un test de cointégration et si l'hypothèse se cointégration est acceptée, on peut passer à l'estimation du modèle à correction d'erreur. Le modèle à correction d'erreurs présente une priorité remarquable qui a été démontrée par Granger (1983). Un ensemble de variables cointégrées peut être mis sous forme d'un modèle à correction d'erreurs dont toutes les variables sont stationnaires et dont les cœfficient peuvent être estimés par les méthodes économétrique classiques.

Le test de Im-Pesaran-Shin (IPS) effectué avec le logiciel STATA 9.0 dont les résultats sont présentés en détail à **l'annexe 2**, a montré que toutes nos séries sont stationnaires. Nous pouvons donc procéder à l'estimation de notre modèle tel que spécifié sans aucune modification.

- **Test de Hausman-Wu**

Ayant un échantillon de données de panel, la première chose à vérifier est la spécification homogène ou hétérogène du processus générateur de données. Le test de spécification de Hausman (1978) est un test général qui peut être appliqué à de nombreux problèmes de spécification en économétrie. Mais son application la plus répandue est celle des tests de spécification des effets individuels en panel. Il sert à discriminer les effets fixes et aléatoires. C'est un test d'orthogonalité entre les effets aléatoires et les regresseurs.

L'hypothèse testée concerne la corrélation des effets individuels aux variables explicatives

H_0 : présence d'effets fixes

H_1 : présence d'effets aléatoires

Sous l'hypothèse nulle, la statistique du test suit asymptotiquement une loi de Khi-Deux à k degrés de liberté. On accepte l'hypothèse nulle si la statistique du test est inférieure à la valeur critique lue sur la table de Khi-Deux.

Les résultats du test de Hausman présentés en **annexe 3** nous amènent à ne pas rejeter l'hypothèse nulle, le modèle à effets aléatoire peut donc être retenu pour estimer notre modèle.

- **Test d'homogénéité de Fisher (test de significativité globale)**

Ce test permet de vérifier l'homogénéité globale du modèle, il sert également de test de significativité globale. Les hypothèses du test sont les suivantes :

H_0 : les cœfficients des variables ne sont pas différents de zéro

H_1 : les cœfficients des variables sont différents de zéro

Ce test suit une Fisher à (n-1) et (Nt-n-k) degrés de liberté

On rejette l'hypothèse nulle si la statistique calculée est supérieure à la valeur lue sur la table.

Les résultats de ce test présentés en **annexe 3** nous amènent à rejeter l'hypothèse nulle et donc à conclure à la significativité globale de notre modèle.

- **Test de normalité des résidus**

Ce test permet de vérifier que les éléments aléatoires sont distribués selon une loi normale. Cette hypothèse est justifiée par le théorème central limite.

Ce caractère aléatoire des erreurs constitue une hypothèse fondamentale du modèle classique de régression linéaire. Elle est justifiée par le fait que si les erreurs n'ont pas un caractère systématique, ceci suppose en outre que le modèle de régression n'ait pas oublié une variable explicative importante. C'est cette hypothèse de l'existence d'une loi de distribution statistique normale autour des vraies valeurs estimées, qui va permettre de faire les estimations des paramètres du modèle d'ajustement.

Les hypothèses du test sont les suivantes :

H_0 : les résidus suivent une loi normale

H_1 : les résidus ne suivent pas une loi normale

La décision est de ne pas rejeter l'hypothèse nulle si la probabilité du test est inférieure à la valeur lue sur la table.

Les résultats de ce test présentés en **annexe 3**, nous amènent à ne pas rejeter l'hypothèse nulle et donc à conclure à une distribution des éléments aléatoires de notre modèle selon une loi normale.

Une fois ces tests effectués, nous pouvons passer à une estimation des paramètres de notre modèle

- **Résultats de la régression**

Le tableau ci-dessous présente les résultats de la régression du modèle à effets aléatoires selon la spécification retenue précédemment.

Tableau 6 : Résultats de l'estimation du modèle à effets aléatoires

Variables	Coef.	Std. Err.	z	P>|z|
lndetpub	-.03693	.02615	-1.41	-.08819
lninfla	-.03795	.092669	-0.41	-.21958
lnm2	-.00202	.04115	-0.05	-.08269
lncredit	-.34404	.10785	-3.19	-.55543
lntxdebt	.04546	.25975	0.18	-.46363
lninvest	.36212	.05758	6.29	.24925
lnreserv	-.03280	.00853	-3.84	-.04953
lnexp	.00506	.03958	0.13	-.07251
cons	1.580	5.6166	0.28	-9.4281

R-sq: within = 0.4833	Obs per group: min = 21
between = 0.8436	avg = 21.0
overall = 0.4713	max = 21
Prob > chi2 = 0.0000	Wald chi2(8) = 104.31

Source : Construit par l'auteur.

Les tests de significativité individuelle effectués sur les cœfficients des variables explicatives du modèle et présentés en **annexe 4** montrent que les cœfficients des variables suivantes sont statistiquement différent de zéro : lndetpub (5%), lncredit (1%), lninvest (1%) et lnreserv (1%). Ce test révèle en outre que la variable la plus contributive à l'explication de l'évolution du PIB est l'investissement.

Concernant les signes attendus des cœfficients estimés des variables explicatives, le tableau ci-dessous confronte les signes attendus des variables eu égard à la théorie économique aux signes obtenus suite à l'estimation des paramètres de notre modèle.

Tableau 9 : Signes attendus et signes obtenus des variables explicatives du modèle 2.

variables	Signes attendus	Signes obtenus
ln DETPUB	–	–
ln INFLA	–	–
lnM2	+	–
ln RESERV	+	–
ln CREDIT	+	–
ln EXP	+	+
ln TXDEBT	–	+
ln INVEST	+	+

source : *Construit par l'auteur.*

Comme prévu, la dette publique et l'inflation affectent négativement la croissance, tandis que les exportations et les investissements l'affectent négativement. Mais contrairement à nos attentes, la masse monétaire, le total des réserves et le crédit domestique fourni par le secteur bancaire ont un impact négatif sur l'évolution du PIB, tandis que le taux d'intérêt débiteur l'affecte négativement.

SECTION 2 : ANALYSE DES RESULTATS ET ENSEIGNEMENTS

Cette section analyse les résultats obtenus avant d'en présenter les principales conclusions. Elle s'achève par quelques recommandations de politique économique.

2-1- analyse des résultats

Les résultats apparaissent intéressants et montrent l'existence d'un lien négatif mais non significatif entre le PIB et la masse monétaire d'une part et le crédit domestique fourni par le secteur bancaire d'autre part. Ceci va à l'encontre des résultats de Romer (1989) qui souligne qu'une politique monétaire restrictive déprime l'activité économique ; de Sarr et Dingui (2000) qui montrent que les impulsions monétaires sont transmises à la sphère réelle par le taux débiteur réel des banques. Mais ces résultats vont dans le même sens que ceux de King (2000) qui aboutit à l'existence d'une corrélation entre croissance de la quantité de monnaie et inflation et l'inexistence d'un lien entre croissance monétaire et croissance du produit réel.

L'existence d'un lien négatif et non significatif entre le PIB et l'inflation est aussi importante à relever ici car elle corrobore les résultats généralement observés notamment par Gomme (1993), Jones et Manueli (1995), Gillman et Kejak (2002) ou encore Drukker et Al (2005). Par contre, nous n'avons pas retrouvé les résultats de Lévine (1992) pour qui le développement des intermédiaires financiers, et des banques en particulier, constitue un facteur de croissance clé.

En général, l'existence d'un lien statistique entre deux variables ne nous renseigne pas sur la nature et le sens de cette causalité. Il est tout à fait vraisemblable que la causalité entre la masse monétaire et le PIB ne soit pas univoque : l'augmentation de la masse monétaire constituant souvent une conséquence de la croissance économique. Malheureusement, il reste difficile d'un point de vue méthodologique d'effectuer la recherche de causalité en données de panel. Il est seulement possible de citer les travaux de Weinhold (1996)[32].

Les résultats de l'estimation de notre équation de croissance montre que cette équation explique 47% de la variation du taux de croissance du PIB. Il apparaît que la politique monétaire axée sur le rôle joué par les agrégats nominaux de monnaie et de crédit influence négativement le PIB. Ainsi une augmentation du taux de croissance de la masse monétaire d'une unité entraîne une diminution du taux de croissance du PIB de 0,020269 de même qu'une augmentation de la part dans le PIB, du crédit domestique fourni par le secteur bancaire d'une unité entraîne une baisse du taux de croissance économique de 3,440409 fois cette unité.

Le taux de croissance annuel de la dette publique (en pourcentage de la masse monétaire au sens M2) influence négativement la croissance économique. Ceci peut s'expliquer par le fait que l'endettement public produit un effet d'éviction sur l'investissement privé qui le moteur

---

[32] Weinhold,D., (1996) : « Tests de causalité sur données de panel : une application à l'étude de l'investissement et la croissance », Economie et prévision, n°spécial : Analyse des comportements économiques à partir de données de panel, n°126-5.

de la croissance économique. Une augmentation du taux de croissance annuel de la dette publique d'une unité conduit à une baisse du PIB de 0,369357 fois cette unité.

Le taux d'intérêt débiteur influence positivement la croissance économique contrairement à nos attentes. En effet, une hausse de ce taux d'une unité entraîne une augmentation du PIB de 0,454658 fois cette unité, toutefois, ce résultat est non significatif. Ceci est contraire à la théorie économique et est sans doute lié à la situation de surliquidité des banques de la sous-région.

L'investissement a un effet positif et significatif sur la croissance économique. C'est d'ailleurs la variable la plus contributive à l'explication de la croissance économique en zone CEMAC comme le montre les tests de significativité individuelle présentés à l'annexe 4. Une augmentation de la part de l'investissement dans le PIB d'une unité entraîne une augmentation de ce dernier de 3,621298 fois cette unité. Pour que la politique monétaire ait un effet positif sur la croissance économique dans ces conditions, il faut qu'elle favorise les investissements notamment par la promotion d'un cadre macroéconomique stable et le maintien des taux d'intérêt à des niveaux susceptibles d'attirer les investisseurs.

Le total des réserves en proportion de la dette extérieure a un effet négatif et significatif sur la croissance économique. Une augmentation de cette variable d'une unité entraîne une baisse du PIB de 0,328064 fois cette unité. Ce résultat bien que contraire à nos attentes peut s'expliquer par l'impact négatif et significatif de la dette publique sur le PIB.

Les exportations ont un effet positif non significatif sur le PIB, ceci est en accord avec la théorie économique. Une augmentation de la part des exportations dans le PIB d'une unité entraîne une augmentation de ce dernier de 0,050688 fois cette unité. En effet les pays de la zone CEMAC sont largement dépendants pour leur revenu, des exportations de matières premières agricoles et minières.

D'une façon générale, ces résultats soulèvent plusieurs implications. Concernant la politique budgétaire (dépenses publiques, taux d'imposition,…), elle sera menée de façon à favoriser ce qui donne de l'impulsion à la croissance économique par exemple par des exonérations fiscales pour encourager les entreprises privées locales. La convergence des indicateurs macroéconomiques devrait être effective concernant la dette publique afin de limiter son impact négatif sur la croissance économique.

Toutefois, il n'est pas possible d'affirmer que le même taux de croissance entraîne les mêmes bénéfices dans les six pays de la sous-région. Il faut tenir compte par exemple, des problèmes de redistribution, de gouvernance, d'effectif de la population, des critères socioculturels propres à chaque pays, des aspirations gouvernementales et autres aléas.

Théoriquement, ces résultats présentent plusieurs perspectives. D'abord c'est une confirmation des résultats théoriques obtenus par d'autres auteurs, au sujet d'autres pays.

Quelques limites peuvent toutefois être relevées, qui permettront d'ailleurs de pouvoir mener d'autres études sur ce sujet en modifiant l'orientation ou la méthode. L'on peut donc noter la présence de données manquantes qui peuvent avoir une influence sur les résultats qui restent cependant assez précis si l'on en croit la méthode d'inférence. D'autres variables peuvent être ajoutées au modèle ; c'est le cas des données faisant référence à la formation du capital humain ; à la population etc…

Une autre optique serait de mener les estimations avec les nouvelles méthodes qui permettent de déterminer les points de rupture de la constance des cœfficients et de déterminer les dates d'occurrence desdits points.

2-2- Quelques recommandations de politique économique

En économie ouverte, la politique économique a deux objectifs principaux que sont l'équilibre interne et l'équilibre externe. L'équilibre interne concerne le plein emploi, la stabilité des prix, la croissance. L'équilibre externe quant à lui concerne la balance des paiements. C'est autour de ces deux aspects que seront bâties nos propositions.

Proposition 1 : la maîtrise des tensions inflationnistes dans les pays de la sous-région

Cette première proposition découle directement des résultats que nous avons obtenus à l'issu de l'analyse. Il est question ici de contenir l'inflation dans des proportions compatibles avec un cadre macroéconomique stable susceptible d'attirer les investisseurs dans la sous-région. Il faut éviter les fluctuations incontrôlées du taux d'inflation qui entraînent une incertitude dans l'évolution des prix et débouchent sur une série de distorsions qui peuvent s'avérer dangereuse à long terme par l'économie. La réalisation de l'objectif de stabilité des prix est l'une des conditions à la viabilité d'un marché financier régional et contribuerait à donner plus de crédibilité à la politique monétaire menée dans la sous-région. Afin d'éviter les spéculations et les anticipations incontrôlées des agents économiques, il serait mieux que la BEAC suivent des règles au lieu de décisions discrétionnaires.

Proposition 2 : la nécessité d'une discipline budgétaire accrue

Le respect des critères de convergence en terme d'endettement public permettra de limiter l'impact négatif de ce dernier sur l'évolution du PIB comme le montre nos résultats. Ce qui aura aussi pour effet de consolider le policy-mix régional.

Par ailleurs, les dépenses publiques peuvent accroître le stock de capital physique et humain et donc avoir une influence positive sur la croissance potentielle. Dès lors réduire ces dépenses serait néfaste pour l'économie car cela engendrerait une baisse du sentier de croissance de l'économie et entraînerait des variations pro-cycliques des politiques budgétaires. D'où le plafond imposé par les critères de convergence peut avoir un effet dépressif sur la croissance. Il est donc préférable de mettre sur pied une règle de déficits publics structurels hors dépenses d'investissement nuls (Creel, Latreille et Le Cacheux, 2002). Autrement dit, il est question de limiter à zéro le solde budgétaire corrigé des effets conjoncturels plutôt que le solde global. Cette règle est appropriée pour la zone CEMAC, parce que cinq des pays de la zone sur six sont producteurs de pétrole et leur solde budgétaire est très sensible aux variations du prix du pétrole sur le marché international.

Proposition 3 : mener une politique d'accroissement des exportations

L'une des propositions afin de faire entrer les devises dans nos pays, est de promouvoir les exportations et de limiter les importations. Il faut aussi pouvoir détacher les exportations de l'exclusivité dont jouissent les matières premières et les produits pétroliers. Il faut mettre un accent sur les formations ayant pour but de former une main d'œuvre qualifiée pour la transformation sur place des produits. Mais aussi accélérer l'intégration économique dans la sous-région afin d'avoir un marché commun effectif. A terme cela doit aboutir à une diversification des exportations à prix compétitifs, à la réduction de la trop forte dépendance des économies de la zone vis à vis de l'extérieur et à renforcer la capacité de ces économies à absorber les chocs exogènes.

Proposition 4 : consolider l'efficacité de la politique monétaire

La BEAC devrait, en plus de son objectif de stabilité des prix, mettre un accent sur le soutien de l'activité économique dans la sous-région. Il faut conforter l'orientation libérale de la politique monétaire avec la libéralisation totale des conditions de banque. Enfin il faudrait harmoniser les statistiques régionales notamment avec l'harmonisation de l'indice des prix à la consommation qui permettra de fixer une valeur de référence à l'inflation mais aussi unifier la politique monétaire par la fixation d'objectifs communs de prix, de masse monétaire et de crédits.

CONCLUSION DU CHAPITRE IV

Le chapitre qui s'achève avait pour objectif d'évaluer au plan empirique la relation entre stabilité de prix et activité économique des pays de la CEMAC. Concernant la méthode, une analyse en données de panel est utilisée pour estimer une équation de croissance dérivée d'une version modifiée du modèle de Grauwe et Polan (2005). Les calculs sont effectués pour les six pays de la CEMAC sur la période 1986-2006. Les résultats montrent que l'inflation a une influence négative non significative sur la croissance économique en zone CEMAC. De tels résultats ouvrent de nombreuses voies. D'abord cela peut susciter de nouvelles études. Ensuite cela permet de confirmer des résultats empiriques et théoriques. Ce résultat, conforme à nos hypothèses réaffirme l'importance du maintien de la stabilité des prix pour tout objectif de croissance économique. En outre, une telle étude peut être menée avec des méthodes économétriques améliorées ou simplement différentes. Finalement de tels résultats seraient vains s'ils n'étaient mis en œuvre. C'est à cet effet que des propositions sont faites pour la politique économique de la zone CEMAC.

CONCLUSION DE LA DEUXIEME PARTIE

La deuxième partie avait pour objectif d'établir les spécificités de la relation qui existe entre stabilité des prix et croissance économique en zone CEMAC compte tenu de l'hétérogénéité des pays. Pour atteindre cet objectif, elle commence par étudier les enjeux théoriques de ladite relation (Chapitre 3), puis elle procède à une vérification empirique de la relation, spécifique aux pays de la CEMAC, (Chapitre 4). La méthodologie est basée sur l'estimation en données de panel d'une équation de croissance dérivée d'une version modifiée du modèle de St. Louis (Bynoe, 1994). Il en ressort que l'inflation a une influence négative et non significative sur la croissance économique, il est donc important qu'elle soit maîtrisée afin de promouvoir la croissance économique. Ceci semble justifier l'objectif unique de stabilité des prix assigné à la plupart des banques centrales à travers le monde et à la BEAC en particulier. L'on pourrait toutefois se demander si cette dictature de l'objectif unique est pertinente dans un contexte de sous développement et de quête d'une émergence qui passe par une croissance économique forte et durable.

CONCLUSION GENERALE

Les pays de la zone CEMAC sont inscrits dans une dynamique mondiale comportant plusieurs facettes, les unes tout aussi importantes que les autres. L'une des facettes concerne la croissance et le développement. A cet effet, des objectifs ayant pour horizon l'an 2015, ont été définis par les institutions internationales prolongés par des objectifs d'émergence définis par la plupart des pays Africains. La croissance économique des pays concernés constitue un moyen d'aboutir à la réalisation de ces objectifs. L'autre facette concerne la consolidation et l'optimisation de la zone CEMAC qui passe par la libre circulation des biens et des personnes à l'intérieur de la zone, la promotion du commerce intra-zone, le renforcement de la convergence des politiques économiques et des indicateurs macroéconomiques, la stabilité politico-économique des pays, etc…. Tout ceci à l'heure ou de plus en plus de voies exigent une refondation de la politique monétaire dans les pays africains de la zone franc et ceux de la CEMAC en particulier. C'est dans ce contexte que s'inscrit cet ouvrage relatif au lien politique monétaire- croissance économique.

L'intérêt d'une telle étude, peut s'observer à trois niveaux : théorique, pratique et celui de la politique économique.

Au niveau théorique, il s'agit de ressortir l'influence des variables monétaires et financières sur les variables réelles ; de montrer l'importance, voire la place centrale de politique monétaire pour tout objectif de croissance économique. L'intérêt à ce niveau est aussi de revisiter la théorie relative à l'impact de la politique monétaire sur l'activité économique dans son évolution afin de faire ressortir l'enjeu d'une telle étude. Lequel enjeu réside dans la mise en place de règles de politiques économiques communautaires.

Au niveau pratique, cette étude se veut un complément remarquable dans l'analyse de l'influence de la politique monétaire sur la croissance économique en zone CEMAC. Ceci grâce à l'approche méthodologique utilisée.

Au niveau de la politique économique, cette recherche pourra fournir aux décideurs de politique économique et plus particulièrement aux autorités en charge des questions monétaires et financières, un élément d'appréciation sur la politique monétaire menée par la BEAC avant et depuis les reformes des années 1990. Afin de pouvoir éventuellement faire des ajustements en vue de soutenir les politiques économiques générales des Etats membres sans préjudice de l'objectif de stabilité monétaire que s'est fixé cet institut d'émission.

La question principale de cet ouvrage était donc la suivante : quel est l'impact de la politique monétaire sur la croissance économique en zone CEMAC ?

L'objectif poursuivi de manière générale, est d'évaluer l'impact de la politique monétaire sur la croissance économique dans la sous région CEMAC. Dans la littérature, il existe plusieurs manières de rendre compte des caractéristiques de la relation politique monétaire-croissance. On peut évoquer la linéarité ou non, la négativité ou non, la causalité, la neutralité à long terme ou non. Une seule étude ne suffirait pour prendre en compte toutes ces préoccupations.

Afin d'atteindre l'objectif ci-dessus, nous avons procédé par la méthode généralisée des moments (GMM) appliquée à un panel dynamique selon le model utilisé par Beck, Levine et Loayza (1999) ensuite une analyse en données de panel est utilisée pour estimer une équation de croissance dérivée d'une version modifiée du modèle de Grauwe et Polan (2005). Les calculs sont effectués pour les six pays de la CEMAC sur la période 1986-2006. En ce qui concerne les méthodes d'inférence, il ressort des tests qu'il n'y a pas d'effets fixes dans la zone CEMAC. Toutefois, quels que soient la méthode adoptée et le modèle employé, les résultats restent globalement les mêmes. La politique monétaire axée sur le rôle joué par les agrégats nominaux de monnaie et de crédit a une influence négative sur la croissance économique en zone CEMAC. L'inflation a quant à elle une influence négative et non significative sur la croissance économique. Même si nous rejetons l'hypothèse forte que la politique monétaire a un impact positif direct sur la croissance économique. Les différentes analyses théoriques et les estimations faites dans le cadre de cette étude nous amènent à envisager un impact mitigé de la politique monétaire sur la croissance économique. Bien que surprenant, ce résultat s'explique par la surliquidité des banques de la zone CEMAC et de fait leur quasi-insensibilité aux variations de taux d'intérêt impulsées par la BEAC. Il faut également ajouter que dans un système bancaire sur-liquide, comme celui de la CEMAC, une injection de liquidités par la banque centrale aura plutôt tendance à accroître l'inflation qu'à relancer l'activité économique.

A partir de là, quelques propositions de politiques économiques peuvent être faites. De manière générale, ces propositions concernent les deux principaux aspects de la politique économique en économie ouverte, à savoir les relations avec l'extérieur, d'une part, et les conditions économiques d'autre part. Concrètement, nous proposons une maîtrise des tensions inflationnistes dans la sous-région. Ensuite, nous suggérons le renforcement de l'efficacité de la politique monétaire notamment avec une redéfinition de ses objectifs intermédiaires pour tenir compte des spécificités des pays concernés. Des mesures visant à résorber la surliquidité des banques doivent également être prise et ce surplus de liquidité doit être orienté vers des projets structurant pour les économies de la CEMAC. Les banques devraient être incitées à jouer pleinement leur rôle dans le financement de l'économie à travers le financement des investissements productifs. Si ces propositions sont implémentées de façon harmonieuse et planifiée, les banques redeviendraient plus sensibles aux impulsions monétaires transmises par la BEAC pour influer sur l'activité économique.

Nous ne pouvons terminer en éludant la problématique de l'arrimage du franc CFA à l'Euro. Il faut dire que bien que présentant des inconvénients, cet arrimage a permis au franc FCFA de conserver jusqu'ici une stabilité relative. Toutefois, plus d'un demi siècle après les indépendances des pays africains de la zone franc, les accords de coopération monétaire qui régissent ces zones monétaires doivent être revu pour tenir compte des impératifs de développement des pays concernés et mettre en place des mécanismes de gestion qui devraient aboutir à terme à l'accession à la pleine souveraineté monétaire de ces pays.

ANNEXES

Annexe 1: Evolution des taux de croissance du PIB et de la masse monétaire par pays

1-Cameroun

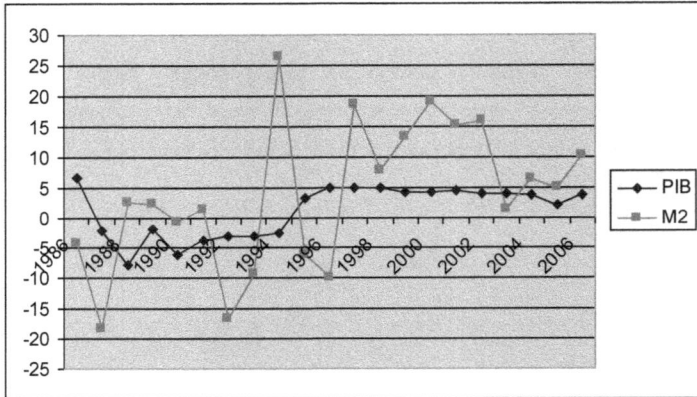

Evolution du PIB et de la masse monétaire au sens M2

2-Centrafrique

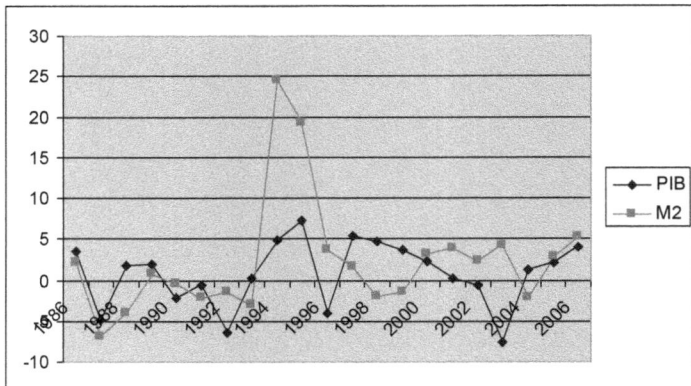

Evolution du PIB et de la masse monétaire au sens M2

3-Tchad

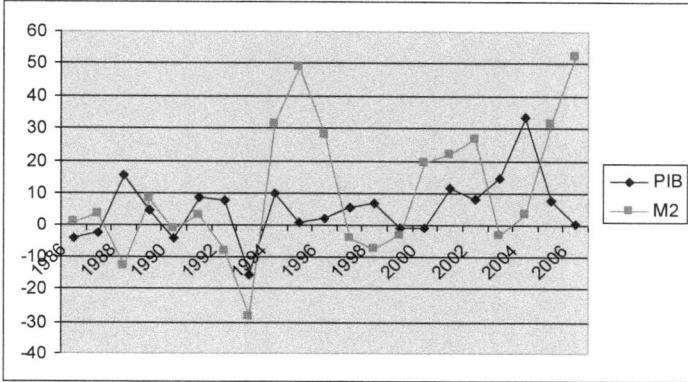

Evolution du PIB et de la masse monétaire au sens M2

4-Congo

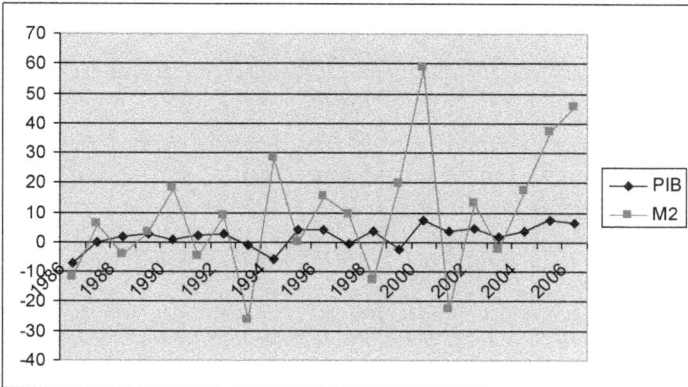

Evolution du PIB et de la masse monétaire au sens M2

5-Gabon

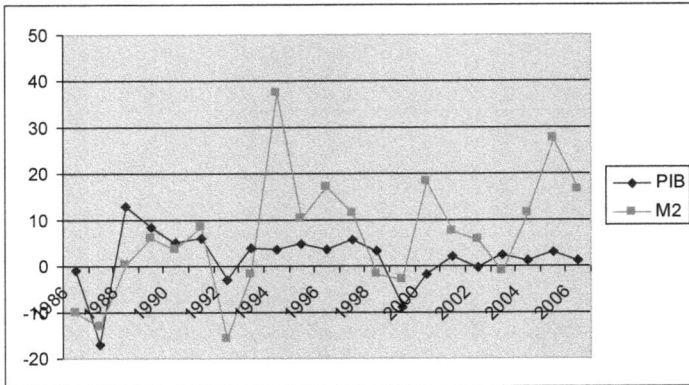

Evolution du PIB et de la masse monétaire au sens M2

6-Guinée-équatoriale

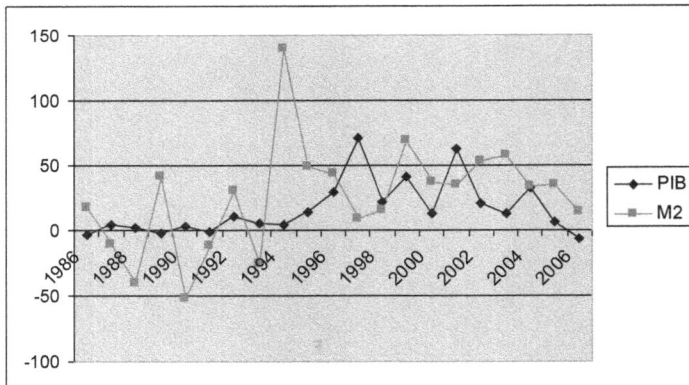

Evolution du PIB et de la masse monétaire au sens M2

Annexe 2 : Résultats des tests de racine unitaire

Table 1: Résultats des tests de racine unitaire IPS

variable	Test IPS (en seuil)	Test IPS (en difference)	Valeur critique		Decision
PIB	-7.088	-4.244*	1%	-4.032	Stationnaire
			5%	-3.447	
			10%	-3.147	
INFLA	-9.046*	-8.460*	1%	-4.032	Stationnaire
			5%	-3.447	
			10%	-3.147	
M2	-9.772*	-6.741*	1%	-4.032	Stationnaire
			5%	-3.447	
			10%	-3.147	
CREDIT	-4.655*	-4.712*	1%	-4.032	Stationnaire
			5%	-3.447	
			10%	-3.147	
TXDEBT	-3.809**	-4.347**	1%	-4.032	Stationnaire
			5%	-3.447	
			10%	-3.147	
INVEST	-4.135*	-3.150 ***	1%	-4.032	Stationnaire
			5%	-3.447	
			10%	-3.147	
RESERV	-5.845*	-6.342*	1%	-4.032	Stationnaire
			5%	-3.447	
			10%	-3.147	
EXP	-3.368**	-3.272***	1%	-4.032	Stationnaire
			5%	-3.447	
			10%	-3.147	
DETPUB	-7.014*	-6.650*	1%	-4.032	Stationnaire
			5%	-3.447	
			10%	-3.147	

Note: les symboles *, ** et *** représentent le seuil de significativité respectivement 1% , 5% et 10%

Source : construit par l'auteur

Annexe 3 : Résultats des tests de Hausman, de normalité des résidus et de Fisher

Test de Hausman

. hausman fixed

```
---- Coefficients ----
|      (b)        (B)         (b-B)      sqrt(diag(V_b-V_B))
|    fixed         .        Difference         S.E.
-------------+-----------------------------  ----------------------------------
detpub |  -.0347269   -.0369357    .0022088          .
infla  |   .0210157   -.0379571    .0589729          .
m2     |  -.0381391   -.0020269   -.0361122          .
credit |  -.2747659   -.3440409     .069275     .1184773
txdebt |   .0062346    .0454658   -.0392312          .
invest |   .2126511    .3621298   -.1494787     .0256411
reserv |  -.0418687   -.0328064   -.0090622      .001723
exp    |   .1253274    .0050688    .1202586     .0660543
------------------------------------------------------------------------------
b = consistent under Ho and Ha; obtained from xtreg
B = inconsistent under Ha, efficient under Ho; obtained from xtreg

Test:  Ho:  difference in coefficients not systematic

chi2(8) = (b-B)'[(V_b-V_B)^(-1)](b-B)
   =     25.72
Prob>chi2 =    0.0012
(V_b-V_B is not positive definite)
```

Les résultats du test de Hausman ci-dessus nous amènent à ne pas rejeter l'hypothèse nulle, le modèle à effets aléatoire peut donc être retenu pour estimer notre modèle.

Test de Fisher (significativité globale)

. test detpub infla m2 credit txdebt invest reserv exp

```
( 1)  detpub = 0
( 2)  infla = 0
( 3)  m2 = 0
( 4)  credit = 0
( 5)  txdebt = 0
( 6)  invest = 0
( 7)  reserv = 0
( 8)  exp = 0
```

F(8, 117) = 4.54

Tableau 1

Prob > F = 0.0001

La statistique calculée est supérieure à la statistique lue sur la table, alors on rejette Ho. Le modèle est donc globalement significatif.

Test de Normalité des résidus

. predict residu
(option xb assumed; fitted values)

. sktest residu

```
Skewness/Kurtosis tests for Normality
------- joint ------
Variable |  Pr(Skewness)  Pr(Kurtosis)  adj chi2(2)   Prob>chi2
-------------+---------------------------------------------------
residu |      0.000         0.000         46.24        0.0000
```

.

Les résultats du test de normalité des résidus présentés ci-dessus, nous amènent à ne pas rejeter l'hypothèse nulle et donc à conclure à une distribution des éléments aléatoires de notre modèle selon une loi normale.

Annexe 4 : Résultats des estimations du modèle et tests de significativité individuelle

- ### Résultats des estimations du modèle 2

R-sq: within = 0.3833	Obs per group: min =	21
between = 0.8436	avg =	21.0
overall = 0.5713	max =	21
Random effects u_i ~ Gaussian	Wald chi2(8)	= 104.31
corr(u_i, X) = 0 (assumed)	Prob > chi2	= 0.0000

pib	Coef.	Std. Err.	z	P>|z|	[95% Conf. Interval]	
detpub	-.0369357	.0261551	-1.41	0.158	-.0881988	.0143275
infla	-.0379571	.0926698	-0.41	0.682	-.2195865	.1436723
m2	-.0020269	.0411573	-0.05	0.961	-.0826936	.0786399
credit	-.3440409	.1078551	-3.19	0.001	-.5554331	-.1326487
txdebt	.0454658	.2597508	0.18	0.861	-.4636364	.5545679
invest	.3621298	.0575891	6.29	0.000	.2492572	.4750024
reserv	-.0328064	.0085333	-3.84	0.000	-.0495313	-.0160815
exp	.0050688	.0395819	0.13	0.898	-.0725103	.0826479
_cons	1.58037	5.616679	0.28	0.778	-9.428119	12.58886

sigma_u	0
sigma_e	7.9231081
rho	0 (fraction of variance due to u_i)

- ## Tests de significativité individuelle

Test detpub
(1) detpub = 0
F(1, 117) = 2.18
Prob > F = 0.1429
. test infla
(1) infla = 0
F(1, 117) = 0.16
Prob > F = 0.6893
. test m2
(1) m2 = 0
F(1, 117) = 0.00
Prob > F = 0.9659
. test credit
(1) credit = 0
F(1, 117) = 7.76
Prob > F = 0.0062
. test txdebt
(1) txdebt = 0
F(1, 117) = 0.04
Prob > F = 0.8382
. test invest
(1) invest = 0
F(1, 117) = 19.60
Prob > F = 0.0000
. test reserv
(1) reserv = 0
F(1, 117) = 17.91
Prob > F = 0.0000
. test exp
(1) exp = 0
F(1, 117) = 0.02
Prob > F = 0.

Tableau 2

BIBLIOGRAPHIE

Africa Development Indicators (2008), Report.

Aghion,P., Howitt, P., (1998),"Endogenous growth theory", *M.I.T. press*, Cambridge, Massachussets.

Albert,C.,Semedo,G.,(1998), « Fonctions du système financier et croissance endogène »,in Mondialisation,intégration économique et croissance,Nouvelles approches,*ed l'Harmattan*,Paris.

Amable,B.,Chatelain,JB.,De Bandt,O. ,(1997) , «Confiance dans le système bancaire et croissance économique »,*Revue économique*,Mai ,n°48,pp 397-407.

Andersen,C.L., Carlson,K.M., (1970), *A monetarist model for Economic stabilisation,* Federal reserve Bank of St.-Louis review 52, April.

Arellano, M. and S. Bond (1991), "Tests of Specification for Panel Data: Monte-Carlo Evidence and Application to Employment Equations", *Review of Economic Studies*, vol. 58, pp. 277-297.

Avom,D.,(1999) , « Intégration monétaire préalable ou résultat de l'intégration économique ?:le cas des pays de la CEMAC »,Thèse de doctorat(N.R.),*Université lumière Lyon* 2, LYON.

Avom, D., (2006a), « La BEAC en marche vers son indépendance : des évolutions institutionnelles remarquables », in Economie de l'Afrique Centrale 2006, *Maison Neuve*,Paris, pp.137-144.

Baltagi Badi, H, (1999), "Specification Tests in Panel Data Models Using Artificial Regression", Annales d'Economie et de statistique, n°55-56, pp.278-298.

Banque de France, (2005), Rapport annuel de la Zone Franc 2005, Secrétariat du Comité Monétaire de la Zone Franc.

Barro,R.,Sala-i-Martin,X.,(1995),"Economic growth", New-York, *Mc Graw-Hill*.

BEAC , *rapport d'activités 2007,2008, 2009, 2010* .

BEAC (2007), *Statuts*

BEAC (2002), Colloque du trentième anniversaire de la BEAC, 21 Novembre, Libreville.

Beck,T.,Levine,R.,Loayza,N.,(1999),"Finance and the sources of growth", Word bank ,working paper,june.

Bekolo Ebe,B.,(2001), « La nouvelle politique monétaire de la zone franc depuis 1990 :Evolution,caractéristiques et fondements théoriques depuis la fin des années 80 »,Communication au colloque international G.W. Ngango, Yaoundé, Février.

Berg,A.,Karam,P.,Laxton,D.,(2006a),"A practical model based approach to monetary policy analysis-overview-",IMF working paper.

Bernanke,B.,Alii,(1995),"Inside the black box: the credit channel of monetary policy transmission",*journal of perspective*,n°9,pp 27-48.

Bernanke, B. and I. Mihov, (1998), *Measuring Monetary Policy*, Working Paper no. 95-09, Federal Reserve Bank of San Francisco.

Bernard,E.,(2000), « Développement financier,politique monétaire et croissance économique:validations empiriques en données de panel »,working paper n°2/00,Université d'Orléans.

Berthélemy,JC.,Varoudakis,A.,(1998), « Développement financier,réformes financières et croissance :une approche en données de panel »,*Revue économique,*n°49-1 ,pp 194-206.

Betten, S.D., Hafer, R.W., (1983), "The relative impact of monetary and fiscal actions on economic activity:a cross country comparison", Federal reserve Bank of St.-Louis review 65, January.

Black, R., Coletti, D., Monnier, S., (1998), « Les coûts et avantages de la stabilité des prix », Price Stability, Inflation Targets and Monetary policy, Proceding of a conference held by the Bank of Canada, May 1997, pp.325-368.

Blanchard,O.,Fisher,S.,(1989) , " Lectures on Macroeconomics ",Cambridge ,*MIT press.*

Bourbonnais,R.,(2000),*Econométrie ,3° édition,Dunod,*Paris.

Bruno,O.,Musso,P.,(2000) , « Volatilité de l'inflation et croissance économique »,*Revue économique,*vol.51,numéro3.

Bruneau, C., De Bandt, O., (1998), « La Modélisation VAR Structurel : Application à la Politique Monétaire en France », Banque de France, Working paper.

Bynoe, J.A., (1994)," Monetary and fiscal influences on Economic activiy in African countries", African review of money, Finance and banking, 1 / 2.

Cantillon, R.,(1755), *Essai sur la Nature du Commerce en Général*, traduit de l'anglais à Londres chez Fletcher Gyles dans Holborn, 430p .

Carlson, K.M., (1978), *Does the st.-Louis model now believe in fiscal policy?,* Federal reserve Bank of st.-Louis review 52, February.

CEMAC (2001), « Intégration économique en Afrique Centrale »,Toile de fond historique et économique.

CEMAC, (2005), Rapport intérimaire d'exécution de la surveillance multilatérale pour l'année 2005 et perspectives pour l'année 2006, Novembre.

Chaîneau,A.,(1995), *Mécanisme et politique monétaire*, Edition Quadrige/P.U.F. ,Bordeau.

Chandavarkar, (1971)," Some aspects of interest rate policies in less developed Economies:The experience of selected Asian countries", IMF Staff Papers, 18,(1),March, pp.48-112.

Chari,V.,Larry,T.,Manuelli,R.,(1995) , " The growth effects of monetary policy ",*Federal reserve bank of Minneapolis,Quaterly review, fall,* pp 18-32.

Chowdhury, R.A.,(1988*),* " Monetary policy,Fiscal policy and aggregate economic activity:some further evidence ", Applied Economics 20, January.

Claude, J., Labrousse, C., Vitry, D., (2001), Dictionnaire des Sciences Economiques, P.U.F., avril, Paris.

Cysne, R., P., (2006), "An intra-household approach to the welfare costs of inflation", Etudes économiques, vol.36, n°3, pp.593-609, juillet/septembre, Sao Paulo.

De Boissieu, C.,(2002), « Les mécanismes de transmission de la politique monétaire dans une union économique et monétaire », Symposium du quatrième anniversaire de la BCEAO.

De Grauwe,P. ,Polan,M.,(2005), "Is inflation always and everywhere a monetary phenomenon ?", Scandinavian journal of Economics,vol.107.

De Gregorio,J.,Guidotti,P.E.,(1995),"Financial development and economic growth», *World development,*23-3,pp 433-448.

De Mourgues, M.,(1988), *La monnaie système financier et théorie monétaire* ,3è édition,Paris.

Dickey, D.,Fuller,W.,(1981) , " Likehood ratio statistics for autoregressive time series with a unit root ",*Econometrica,49,pp 1057-1072.*

Dornbush,(1976),*Taux de change et politique monétaire Sensibilité du taux de change aux chocs monétaires et budgétaires.*

Dotsey, M., Ireland, P., *(1996), " The welfare cost of inflation in general equilibrium ", Journal of monetary Economics 37(1), pp.29-47.*

Dramani,L.,Diack Ly,B.,Ndiaye Diouf,D., (2007), « Transmission de la politique monétaire au secteur réel au Sénégal » Agence Nationale de la Statistique et de le Démographie,Novembre,Dakar.

Durand,J.J., Payelle,N.,(1998), « Règles de politique monétaire et objectif de PIB nominal :application au cas Français », *Revue économique,*vol 49,n°3,pp 665-675.

Eshag,E.,(1971),"the relative efficacy of monetary policy in selected industrial and less developed countries", the *economic journal,vol.81,num.322* .

Fisher, I. (1911), "The purchasing power of money: Its Determination and Relation to Credit, Interest, and Crises", *Macmillan*, New York.

Fisher,S.,(1991),"Growth, macroeconomics and development ",*NBER* Macroeconomics Annual,n°6 pp329364 .

Fouda, S.M.,(2005), « Indépendance de la banque centrale et inflation dans les pays africains subsahariens:existe-t-il une relation ? »,*Saving and Development* .

Friedman,B.,(1990) " Targets and instruments of monetary policy ",*Handbook of monetary economics,vol.n°2* .

Friedman, M.,(1968), « Le rôle de la politique monétaire »,*the American economic review,vol.LVIII* .

Fry, M.J.,(1995) , " money, interest and banking in economic development", *John Hopkins university press*, Baltimore.

Fuerst,T.,(1994),:"Monetary policy and financial intermediation", *journal of money, credit and banking,vol.26-3,august,pp 362-376.*

Gali,J., Gertler,M., (2008)," Macroeconomic modelling for monetary policy evaluation", *Journal of Economic Perspective.*

Gankou, J.,M., Bondoma Yokono, D., (1996), « *La politique de change des pays africains de la zone Franc : évolution récente et perspectives* », Centre de Recherche sur le Développement, Université de Neuchâtel, EDES Neuchâtel.

Gillman, M., Kejak, M., (2002), "Modelling the Inflation-Growth Effect", *working paper,* Central European University Department of Economics.

Grauwe, Polan, *(2005), "Is* inflation always and everywhere a monetary phenomenon", *Scandinavian journal of Economics, vol.107.*

Guillaumont, P.,Guillaumont,S.,(1984), *Zone franc et développement africain, Economica,* Paris.

Greffe,X.,(1999) , *Comprendre la politique économique,*Economica, *Paris .*

Hay, M.,(2000) , « Banques et croissance :examen critique et analyse en données de panel »,papier présenté aux 17è journées internationales d'économie monétaire et bancaire,Lisbonne,7-8et9 juin 2000.

Ireland,P.,(1994) , " Money and growth :an alternative approach ",*the American economic review,*March,*pp 47-65.*

Islam,N.,(1995),"Growth empirics: a panel data approach",*Quaterly journal of economics,pp 1127-1170.*

Kahn,M., Knight,M., (1991), "Stabilization programs in Developing countries: A formal framework" , in Khan M., Montiel P., Haque N., eds *Macroeconomic Models for Adjustment in Developing countries,* IMF ,Washington D.C., pp. 38-85.

Keynes, J., M., (1936), *Théorie Génèralé de l'Emploi de l'Intérêt et de la monnaie,* version française de Jean de Largentaye (1977), Editions Payot, Paris.

King,M.,(2002), "No money, no inflation-the role of money in the economy", Bank of England, Quaterly bulletin, été 2002.

Kobou,G.,(2002),"Les sources de la croissance économique au Cameroun",African econometric society,10th annual conference on econometric modelling in Africa.

Koné,S.,(2000), « L'impact des politiques monétaire et budgétaire sur la croissance économique dans les pays de l'UEMOA », Document d'étude et de recherche N°509, BCEAO, Décembre.

Kydland,Prescott,(1977),"Rules rather than discretion: the inconsistency of optimal plans", *the journal of political economy,vol.85,num.3.*

Lavigne,A.,Villieu,P.,(1996),"La politique monétaire nouveaux enjeux,nouveaux débats?",*Revue d'économie politique,106(4)*juillet-Aout,*pp 491-561.*

Levine,R.,Renelt,D.,(1992) , " A sensitivity analysis of cross-countries growth regressions ",*american economic review,*82,september ,pp 942-963.

Mc Candless,G.,T.,Weber,W.,E.,(1995), "Some monetary facts " , Federal reserve Bank of Mineapolis,Quaterly Review,vol.19,n°3.

Mc Kinnon,R.,Shaw,E., (1973),"Money and capital in economic development", Washington DC,Brookings institution.

Mallaye Douzounet, (2009), « Réformes monétaires et croissance économique en zone CEMAC », *Munich Personal RePec Archive paper n°19621,Decembre 2009.*

Mankiw,G.,(2003), *Macroéconomie,*2è édition,traduction de l'édition américaine par Jean Houard.

Mignon,V.,(2004) , « Test de racine unitaire et cointégration sur données de panel :une revue de la littérature »,*journal of economic litterature.*

Mishkin,S.F.,(1996) , « Les canaux de transmission monétaire :typologie et mesure »,*Bulletin de la banque de France.*

Mondjeli Mwa Ndjokou Itchoko Motande, (2008), «Propriété des Agrégats de monnaie de la BEAC», Thèse de doctorat / Ph.D., *Université de Yaoundé 2, Soa.*

Monga,C., Tchatchouang,JC.,*(1999),* *Sortir du piège monétaire* ,Economica.

Mundell , (1962), "The appropriate use of monetary and fiscal policy for international and external stability " , Staff papers n°9, Fonds monétaire international, Mars,pp.70-76.

Nubukpo,k.,k., (2002), « L'impact de la variation des taux d'intérêt directeurs de la BCEAO sur l'inflation et la croissance dans l'UMOA . »

Odedokun,MO.,(1998) , " Financial intermediation and economic growth in developing countries ",*journal of economic studies,vol.25-3,pp 203-224.*

Okah-Atenga, X., E., (2005), Les institutions financiers de la Zone CEMAC, Presses universitaires de Yaoundé, Cameroun.

Ondo Ossa, A., (2005), « Effets anti-keynésiens et Ajustement (le cas de la zone CEMAC) », *Economie et Gestion*, n° spécial.

Ouellet,E.,(2005), *Guide d'économétrie appliqué pour stata 8,*université de Montréal, Canada.

Paquier,O. ,(1994) , « Les effets de la politique monétaire sur l'activité passent-ils par le canal du crédit »,*Revue française d'économie,*vol.9,n°2,pp 71-104.

Plihon,D.,(2000), *La monnaie et ses mécanismes*, Edition La Découverte,collection Repères,Paris.

Poole,W.,(1970), " Optimal choice of monetary policy instrument in a simple stochastic macro-model ",*Quarterly journal of economics 84,pp 197-216.*

Rajhi,T.,Villieu,P.,(1993),« Accélération monétaire et croissance endogène »,*Revue économique,*n°44-2,Mars,pp 257-285.

Robinson , (1965), " Kalecki and Keynes " , in collected economic papers, volume,Oxford:Basil Blackwell:92-9.

Romer,D.,(1997) , *Advance macroeconomics* ,Mc Graw-hill inc.

Romer,P.,(1986),"Increasing returns and long-run growth", *journal of political economy,94,1002-1037.*

Romer, D., H., and Romer C., D., (1989), "Does Monetary Policy Matter? A New Test in The Spirit of Friedman and Schwartz", *NBER Working Paper*, no. 2966.

Sarr , Dingui , (2000), « Transmission de la politique monétaire : cas de la côte d'ivoire » , à paraître .

Saxegaard,M.,(2006),"Excess liquidity and effectiveness of monetary policy: evidence from sub-Saharan Africa",IMF working paper.

Sidrauski,M.,(1967),"Rational choice and patterns of growth in a monetary economy", *American economic review,51;*May;pp 534-544.

Smith, A.,(1776), *Recherches sur la nature et les causes de la Richesse des Nations,*traduction française de Garnier Germain 1981, à partir de l'édition revue par Blanqui Adolphe en 1843 ;document produit en version numérique par Jean-Marie Tremblay,dans le cadre de la collection « les classiques des sciences sociales », en collaboration avec la bibliothèque Paul Emile Boulet de l'université du Québec à Chicoutimi.
http://www.uqac.uquebec.ca/Classiques_des_sciences_sociales/index.html.

Stein,JC.,Kashyap,A.,(1994),"Monetary policy and bank lending" in Mankiw ed.,monetary policy,*Chicago,university of Chicago press* for NBER,pp 221-256 .

Stiglitz , Weiss, (1981),"Credit rationing in markets with imperfect information" ,The American economic review, vol.71,n°3, pp.93-410.

Taylor,JB.,(1995),"The monetary transmission mechanism: an empirical framework", *journal of economics perspectives,n°9,pp11-26.*

Tchuindjang Pouemi,J., (1979), *Monnaie servitude et liberté,la répression monétaire de l'Afrique* ,édition jeune Afrique

Timbergen,J.,(1952) , " On the theory of economic policy " Amsterdam, north Holland.

Tobin,J.,(1965), "Money and economic growth",Econometrica,33,pp 671-684.

Tobin,J., (1969**), "**A general equilibrium approach to monetary policy*», journal of money credit and banking,* February *n°1,pp 15-29.*

Touna Mama, (1999), « Libéralisation de l'économie, dynamique de l'informel et lutte contre la pauvreté au Cameroun », *Dialectiques Economiques*, Université Neuchâtel EDES.

Vedel,C.,(1995), *Théorie monétaire internationale.les modèles de base* ,Economica,Paris.

Vinay, B., (1969), *Economie monétaire*, Armand Colin, Paris.

Weinhold, D., (1996), "Investment, Growth and Causality testing in panels", *Economie et prévision*, no. 126, pp. 163-175.

World Bank (2010), *World Development Indicators 2010 Report.*

TABLE DES MATIERES

SOMMAIRE 2
AVERTISSEMENT 3
DEDICACE.. 4
REMERCIEMENTS 5
RESUME.. 6
ABSTRACT... 7
LISTE DES ABREVIATIONS... 8
LISTE DES GRAPHIQUES ET TABLEAUX.. 9
LISTE DES ANNEXES... 10
INTRODUCTION GENERALE... 11
PREMIERE PARTIE : MONNAIE ET CROISSANCE ECONOMIQUE EN ZONE CEMAC
.... 28
   INTRODUCTION DE LA PREMIERE PARTIE 29
CHAPITRE I : MONNAIE ET CROISSANCE : UNE APPROCHE THEORIQUE 30
SECTION 1 : DE l'APPROCHE DICHOTOMIQUE à l'APPROCHE
INTEGRATIONNISTE DE LA MONNAIE 31
   1-1 - L'analyse neutraliste ou dichotomique des classiques et des néo-classiques............ 31
   1-2- La critique de l'approche dichotomique ou l'approche intégrationniste de Keynes 33
SECTION 2 : LES DEBATS MONETARISTES - KEYNESIENS................................... 36
   2-1- Friedman et les néo-keynésiens... 36
   2-2- L'apport de la nouvelle école classique (NEC) 40
   Conclusion du chapitre I 43
CHAPITRE II : MONNAIE ET CROISSANCE : LES ENSEIGNEMENTS A PARTIR DE
L'EXPERIENCE DES PAYS DE LA CEMAC 44
SECTION 1 : MONNAIE ET CROISSANCE EN ZONE CEMAC 45
   1 – 1 La politique monétaire de la BEAC de 1972 à nos jours............................ 45
   1 – 2- Evolution de la masse monétaire et de la croissance économique en zone CEMAC 53
SECTION 2 : EVIDENCE EMPIRIQUE DE LA RELATION MONNAIE ET CROISSANCE
EN ZONE CEMAC.. 58
   2-1- Choix et spécification du modèle 58
   2-2- Analyse des résultats et enseignements 65
   CONCLUSION DU CHAPITRE II 68
CONCLUSION DE LA PREMIERE PARTIE.. 69
DEUXIEME PARTIE : STABILITE DES PRIX ET CROISSANCE ECONOMIQUE EN
ZONE CEMAC 70
INTRODUCTION DE LA DEUXIEME PARTIE 71
CHAPITRE III : LES ENJEUX THEORIQUES DE LA RELATION STABILITE DES PRIX
CROISSANCE ECONOMIQUE 72
SECTION 1 : L'INFLATION : EXPLICATIONS THEORIQUES ET CONSEQUENCES . 73
   1-1- Les explications théoriques de l'inflation 73
   1-2- les conséquences de l'inflation 76
SECTION 2 : LE DEBAT AUTOUR DU TANDEM STABILITE DES PRIX CROISSANCE
.... 78
   2-1- les analyses faisant intervenir les modèles de croissance exogène et endogène 78

2-2) Les autres analyses empiriques...79
CONCLUSION DU CHAPITRE III...82
CHAPITRE IV : LA RELATION STABILITE DES PRIX CROISSANCE A LA LUMIERE
DE L'EXPERIENCE DES PAYS DE LA CEMAC...83
SECTION 1 : CHOIX ET SPECIFICATION DU MODELE 85
1-1- Présentation du modèle et des variables..85
1-2- Procédure d'estimation en données de panel..89
SECTION 2 : ANALYSE DES RESULTATS ET ENSEIGNEMENTS...............................93
2-1- analyse des résultats..93
2-2- Quelques recommandations de politique économique...96
CONCLUSION DU CHAPITRE IV...98
CONCLUSION DE LA DEUXIEME PARTIE..99
CONCLUSION GENERALE 100
ANNEXES 104
BIBLIOGRAPHIE 112
TABLE DES MATIERES 118

www.ingramcontent.com/pod-product-compliance
Lightning Source LLC
Chambersburg PA
CBHW021603210326
41599CB00010B/574